Die

Kraftloserklärung

abhanden gekommener oder vernichteter

Urkunden

im Aufgebotsverfahren

nach Reichsrecht und bayerischem Landesrecht

von

Dr. Karl Adelmann,
Amtsrichter am Kgl. Amtsgerichte München I.

München 1904.
J. Schweitzer Verlag (Arthur Sellier).

Vorwort.

Die Kraftloserklärung abhanden gekommener oder vernichteter Urkunden ist geregelt durch eine Reihe ineinander greifender Rechtssätze, die sich zerstreut finden im bürgerlichen Rechte und im Prozeßrechte, in Reichsgesetzen und in Landesgesetzen, in Einführungs-, Übergangs- und Ausführungsbestimmungen.

Eine zusammenfassende Darstellung des auf diesem Gebiete geltenden Rechtes fehlte bisher in Bayern.

Angeregt durch meine richterliche Tätigkeit wollte ich für die gerichtliche Praxis in Bayern einen Leitfaden schaffen, der vielleicht auch denen einigen Nutzen bieten mag, die durch Beruf und Gewerbe gezwungen sind, sich über die einschlägigen Gesetze zu unterrichten.

München, Mitte November 1903.

Dr. **Karl Adelmann.**

Inhalts-Verzeichnis.

Erster Teil.

Seite

Einleitung.
A. Kraftloserklärung abhanden gekommener oder vernichteter Urkunden im Aufgebotsverfahren 1
B. Zahlungssperre 4
C. Ausschluß des guten Glaubens 4
D. Verschiedene Arten von Kraftloserklärungen und Aufgeboten . 5

Zweiter Teil.

Die Zulässigkeit der Kraftloserklärung bei den verschiedenen Arten von Urkunden.
1. Abschnitt. Schuldverschreibungen auf den Inhaber 7
A. Grundsätzliche Zulässigkeit der Kraftloserklärung 8
B. Ausnahmen 8
I. Ausschluß der Kraftloserklärung in der Urkunde 8
II. Zins-, Renten- und Gewinnanteilscheine 8
III. Erneuerungsscheine 11
IV. Banknoten 12
V. Auf Sicht zahlbare unverzinsliche Schuldverschreibungen . 12
VI. Verpflichtungszeichen nach § 807 B.GB. 13
2. Abschnitt. Inhaberpapierähnliche Namenpapiere nach § 808 B.GB. 13
3. Abschnitt. Schuldverschreibungen auf Namen 15
4. Abschnitt. Auf Namen umgeschriebene Inhaberschuldverschreibungen 16
I. Auf Namen umgeschriebene Schuldverschreibungen des Staates und der Körperschaften, Stiftungen und Anstalten des öffentlichen Rechtes 16
II. Auf Namen umgeschriebene Schuldverschreibungen von Privaten 17
5. Abschnitt. Urkunden über Beteiligung an einem kapitalistischen Unternehmen 18
I. Reichsbankanteilscheine 18
II. Aktien und Aktieninterimsscheine 18
III. Anteilscheine über Beteiligung an einer Gesellschaft mit beschränkter Haftung oder an einer eingetragenen Erwerbs- und Wirtschaftsgenossenschaft 19
IV. Genußscheine 21
V. Kuxscheine 22
6. Abschnitt. Wechsel und kaufmännische Orderpapiere des § 363 HGB. 22
7. Abschnitt. Hypotheken-, Grundschuld-, Rentenschuld und Ewiggeldbriefe 26

Seite

Dritter Teil.

Das Abhandenkommen oder die Vernichtung der Urkunde als Voraussetzung der Kraftloserklärung.
1. Abschnitt. Abhanden gekommene Urkunden 29
2. Abschnitt. Vernichtete Urkunden 33

Vierter Teil.

Die Beschränkung der Zulässigkeit der Kraftloserklärung zum Schutze der Rechte Dritter.
1. Abschnitt. Schutzvorschriften der Civilprozeßordnung 35
I. Wertpapiere, für welche Zins-, Renten- oder Gewinnanteilscheine ausgegeben sind (§§ 1010—1013 und 1015 CPO.) 35
II. Schuldurkunden, in welchen eine Verfallzeit angegeben ist (§ 1014 CPO.) 42
2. Abschnitt. Landesrechtliche Ausnahmen 43

Fünfter Teil.

Die Antragsberechtigung im Aufgebotsverfahren.
1. Abschnitt. Die Antragsberechtigung bei Papieren, welche auf den Inhaber lauten oder welche durch Indossament übertragen werden können und mit einem Blankoindossamente versehen sind 44
2. Abschnitt. Die Antragsberechtigung bei anderen Urkunden . . 46

Sechster Teil.

Das Aufgebotsverfahren.
1. Abschnitt. Vorbemerkung 51
2. Abschnitt. Die Zuständigkeit zur Durchführung des Aufgebotsverfahrens 52
3. Abschnitt. Die Antragstellung 57
I. Die Partei- und Prozeßfähigkeit des Antragstellers . . . 57
II. Die Vertretung prozeßfähiger Antragsteller 58
III. Die Form des Antrags 59
IV. Der Inhalt des Antrags 59
V. Die Begründung des Antrags 60
4. Abschnitt. Die Tätigkeit des Gerichtsschreibers nach Stellung des Antrags 63
5. Abschnitt. Die Entscheidung über Einleitung des Aufgebotsverfahrens 63
6. Abschnitt. Das Aufgebot 65
I. Der Inhalt des Aufgebots 65
II. Die Bestimmung des Aufgebotstermins 65
III. Die Veröffentlichung des Aufgebots 66
IV. Die Veröffentlichung der Erledigung des Aufgebotsverfahrens 68
V. Die Tätigkeit des Gerichtsschreibers nach Erlassung des Aufgebots 68
7. Abschnitt. Die Anmeldung von Rechten und Ansprüchen im Aufgebotsverfahren 69
I. Die Form der Anmeldung 69
II. Der Zeitpunkt der Anmeldung 69
III. Der Zweck der Anmeldung 69
IV. Der Inhalt und die Wirkung der Anmeldung 70

Seite
8. Abschnitt. Der Aufgebotstermin 71
I. Der Vortermin zur Urkundenvorlage 71
II. Der Aufgebotstermin 71
III. Das Ruhen des Verfahrens 72
9. Abschnitt. Die Entscheidung 72
I. Die Zwischenverfügungen 72
II. Der Aussetzungsbeschluß 73
III. Der Abweisungsbeschluß 73
IV. Das Ausschlußurteil 73
1. Die Voraussetzung des Ausschlußurteils 73
2. Der Inhalt des Ausschlußurteils 74
3. Die Bekanntmachung des Ausschlußurteils 74
4. Die Tätigkeit des Gerichtsschreibers nach Erlassung des Ausschlußurteils 75
5. Die Rechtsmittel gegen das Ausschlußurteil 76
10. Abschnitt. Die Anfechtungsklage 76
11. Abschnitt. Die Kosten des Verfahrens 78
12. Abschnitt. Die Unterbrechung des Verfahrens 80

Siebenter Teil.

Die Rechtsfolgen des Aufgebots und des Ausschlußurteils.
1. Abschnitt. Die Rechtsfolgen des Aufgebots 82
2. Abschnitt. Die Rechtsfolgen des Ausschlußurteils 83

Achter Teil.

Die Zahlungssperre.
I. Der Inhalt und der Zweck der Zahlungssperre 87
II. Die Voraussetzungen der Erlassung der Zahlungssperre . . 87
III. Der Zusammenhang der Zahlungssperre mit dem Aufgebote 88
IV. Die Entscheidung über den Antrag auf Zahlungssperre . . 88
V. Die Bekanntmachung der Zahlungssperre 88
VI. Die Aufhebung der Zahlungssperre 89
VII. Die Bekanntmachung der Aufhebung der Zahlungssperre . 89
VIII. Die Rechtsmittel 90
IX. Die Wirkungen der Zahlungssperre 90

Neunter Teil.

Die Kraftloserklärung ausländischer Urkunden.
I. Die Zuständigkeit deutscher Gerichte 92
II. Die Zulässigkeit der Kraftloserklärung und die civilrechtlichen Voraussetzungen des Aufgebotsverfahrens 92
III. Die Wirkungen der Kraftloserklärung 94

Zehnter Teil.

Das Verhalten bei Verlust einer Urkunde, die im Aufgebotsverfahren für kraftlos erklärt werden kann.
A. Schritte zur Beseitigung der im Verluste liegenden Gefahren . 96
B. Schritte zur Geltendmachung der Rechte aus der abhanden gekommenen oder vernichteten Urkunde 98

Anhang.

Seite

I. Beispiele für Anträge.

1. Betreff: Aufgebot und Kraftloserklärung eines Pfandbriefs . . . 102
2. Betreff: Aufgebot, Zahlungssperre und Kraftloserklärung eines Pfandbriefes 104
3. Betreff: Zahlungssperre vor Einleitung des Aufgebotsverfahrens . 105
4. Betreff: Aufgebot und Kraftloserklärung eines Papiers nach § 808 B.GB. 106
5. Betreff: Aufgebot und Kraftloserklärung eines Wechsels 108

II. Beispiele für Aufgebotsbeschlüsse.

1. Verfahren nach der Civilprozeßordnung mit Zahlungssperre . . . 109
2. Verfahren nach Art. 69a AG. CPO. 113

III. Beispiel für einen Beschluß auf vorläufige Zahlungssperre nach § 1020 CPO. 114

IV. Beispiele für Ausschlußurteile.

1. Verfahren nach der Civilprozeßordnung 116
2. Verfahren nach Art. 69a AG. CPO. 119

V. Beispiele für Zeugnisse der Aussteller.

1. Zeugnis vor Einleitung des Aufgebotsverfahrens oder vor Erlassung der Zahlungssperre 120
2. Zeugnis vor Erlassung des Ausschlußurteils 122
   a) Nach § 1010 Abs. 2 CPO. 122
   b) Nach § 1011 Abs. 2 CPO. 122
   c) Nach § 1011 Abs. 2 Satz 2 CPO. 122
   d) Nach § 1013 CPO. 122

VI. Gebührensätze im Aufgebotsverfahren.

1. Gerichtsgebühren 124
2. Anwaltsgebühren 125

Alphabetisches Verzeichnis 126

Tabellen.

I. Uebersichtstabelle für das Aufgebotsverfahren bei den einzelnen Arten von Urkunden.
II. Tabelle zur Bestimmung des Aufgebotstermins nach § 1010—1013 der Civilprozeßordnung.

Abkürzungen.

I. Abkürzungen in der Literaturbezeichnung.

Becher = das rechtsrheinisch-bayerische Landescivilrecht und Landescivilprozeßrecht von Dr. Heinrich Becher (1896).

Cosack HR. = Lehrbuch des Handelsrechts von Konrad Cosack, 6. Aufl. 1903.

Cosack BR. = Lehrbuch des deutschen bürgerlichen Rechtes von Konrad Cosack, 3. Aufl. 1900/1901.

Daude = das Aufgebotsverfahren nach Reichsrecht und Preußischem Landesrecht von Dr. P. Daude, 3. Aufl. 1900.

Dernburg BR. = das bürgerliche Recht des Deutschen Reichs u. Preußens von Dr. Heinrich Dernburg, 1902.

Förtsch = Gesetz betreffend die Gesellschaften mit beschränkter Haftung von R. Förtsch, 2. Aufl. 1899.

Gaupp-Stein = die Civilprozeßordnung für das Deutsche Reich von Dr. L. Gaupp, bearbeitet von Dr. Friedrich Stein, 4. Aufl. 1901/1902.

Fischer-Henle = Bürgerliches Gesetzbuch vom 18. August 1896 nebst dem Einführungsgesetze vom 18. August 1896 von Dr. Otto Fischer und Dr. Wilhelm von Henle, 6. Aufl. 1904.

Henle Inhaberpapiergesetz = das Kgl. Bayerische Gesetz vom 18. März 1896 über die Inhaberpapiere mit sämtlichen Vollzugsvorschriften und Nebengesetzen 2c. von Wilhelm Henle, 1896.

Henle-Schneider = die bayerischen Ausführungsgesetze zum Bürgerlichen Gesetzbuche vom 9. Juni 1899 von Wilhelm Henle und Heinrich Schneider, 1900.

Makower HGB. = Handelsgesetzbuch mit Kommentar von H. Makower, 12. Aufl. 1898/1902.

Mattes = Ist die Amortisation einer Urkunde zulässig, die der Antragsteller selbst, absichtlich oder unabsichtlich, vernichtet hat? Ein Beitrag zur Lehre der Kraftloserklärung von Urkunden von Dr. Karl Mattes, 1899.

Petersen-Anger = die Civilprozeßordnung für das deutsche Reich von Dr. Julius Petersen und Dr. Ernst Anger, 4. Aufl. 1901.

Planck B.GB. = Bürgerliches Gesetzbuch nebst Einführungsgesetz von Dr. G. Planck, 1. u. 2. Aufl. 1897/1902.

Rehbein B.GB. = das Bürgerliche Gesetzbuch mit Erläuterungen von Dr. H. Rehbein, 1899.

Schierlinger = die bayerischen Landesgesetze und Verordnungen zur Ausführung und Ergänzung der Civilprozeßordnung und des Zwangsversteigerungsgesetzes, 3. Aufl. 1902.

Seuffert = Kommentar zur Civilprozeßordnung von Dr. Lothar Seuffert, 8. Aufl. 1903.

Staub GmbH. = Kommentar zum Gesetz betreffend die Gesellschaften mit beschränkter Haftung von Dr. Hermann Staub, 1903.

Staub HGB. = Kommentar zum Handelsgesetzbuch von Dr. Hermann Staub, 6. u. 7. Aufl. 1900.

Staub WO. = Kommentar zur Allgemeinen deutschen Wechselordnung von Dr. Hermann Staub, 4. Aufl. 1901.

Staudinger = Kommentar zum Bürgerlichen Gesetzbuche für das deutsche Reich nebst Einführungsgesetz, herausgegeben von Julius von Staudinger, 1. Aufl. 1898/1903, Bd. III 2. Aufl. 1903.

II. Sonstige Abkürzungen.

AG. CPO. = das bayerische Ausführungsgesetz zur Civilprozeßordnung und Konkursordnung vom 23. Februar 1879 in der Fassung des Art. 166 AG. B.GB.
AG. B.GB. = das bayerische Ausführungsgesetz zum Bürgerlichen Gesetzbuche vom 9. Juni 1899.
AG. GBO. = das bayerische Ausführungsgesetz zu der Grundbuchordnung u. zu dem Gesetz über die Zwangsversteigerung und die Zwangsverwaltung vom 9. Juni 1899.
AG. GVG. = das bayerische Ausführungsgesetz zum Gerichtsverfassungsgesetze vom 23. Februar 1879 in der Fassung des Art. 167 AG. B.GB.
AG. ZVG. = AG. GBO.
Begr. Entw. CPO. Hahn II/1 bezw. 2 = die Begründung des Entwurfs der Civilprozeßordnung, abgedruckt in den gesamten Materialien zur Civilprozeßordnung von C. Hahn, Bd. II, Abteilung 1 bzw. 2.
Begr. Entw. Nov. CPO. Hahn VIII = die Begründung der Novelle zur Civilprozeßordnung vom 17. Mai 1898, abgedruckt in den gesamten Materialien zu den Justizgesetzen von C. Hahn und B. Mugdan, Bd. VIII.
BG. = das bayerische Berggesetz vom 20. März 1869 in der Fassung des Art. 157 AG. B.GB.
B.GB. = das bürgerliche Gesetzbuch vom 18. August 1896.
Bl. f. RA. = Blätter für Rechtsanwendung.
CPO. = die Civilprozeßordnung für das Deutsche Reich in der Fassung der Bekanntmachung vom 20. Mai 1898.
Denkschr. Entw. HGB. = die Denkschrift zum Entwurfe eines Handelsgesetzbuchs und eines Einführungsgesetzes, Reichstag-Drucksachen, 9. Leg. Periode, IV. Session 1895/1897 Nr. 632.
EG. B.GB. = das Einführungsgesetz zum B.GB. vom 18. August 1896.
EG. CPO. = das Einführungsgesetz zur Civilprozeßordnung vom 30. Januar 1877 in der Fassung der Bekanntmachung vom 20. Mai 1898.
EG. GVG. = das Einführungsgesetz zum Gerichtsverfassungsgesetze vom 27. Jan. 1877 in der Fassung der Bekanntmachung vom 20. Mai 1898.
EG. HGB. = das Einführungsgesetz zum Handelsgesetzbuche vom 10. Mai 1897.
EG. Nov. CPO. = das Einführungsgesetz zum Gesetze, betr. Änderungen der Civilprozeßordnung vom 17. Mai 1898.
EG. ZVG. = das Einführungsgesetz zu dem Gesetz über die Zwangsversteigerung und Zwangsverwaltung vom 24. März 1897.
Entw. EG. B.GB. = der Entwurf des Einführungsgesetzes zum B.GB.
GBO. = die Grundbuchordnung vom 24. März 1897.
Gen.G. = das Reichsgesetz betr. die Erwerbs- u. Wirtschaftsgenossenschaften vom 1. Mai 1889 in der Fassung der Bekanntmachung vom 20. Mai 1898.
Gesch.Anw. = die Bekanntmachung des k. bayr. Staatsministeriums der Justiz vom 30. Dezember 1901, den Erlaß neuer Geschäftsanweisungen für die Gerichtsschreibereien betr, JMBl. S. 1 ff./1902.
Ges.Bl. = das bayerische Gesetzesblatt.
Ges. GmbH. = das Reichsgesetz betr. die Gesellschaften mit beschränkter Haftung vom 20. April 1892 in der Fassung der Bekanntmachung vom 20. Mai 1898.
Ges. v. 18. III 1896 = das bayerische Gesetz vom 18. März 1896 über die Inhaberpapiere.
GKG. = das Reichsgerichtskostengesetz in der Fassung der Bekanntmachung vom 20. Mai 1898.
G.- u. V.-Bl. = das bayerische Gesetz- u. Verordnungsblatt.
GVG. = das Gerichtsverfassungsgesetz vom 27. Januar 1877 in der Fassung der Bekanntmachung vom 20. Mai 1898.
HGB. = das Handelsgesetzbuch vom 10. Mai 1897.

Hyp.G. = das Hypothekengesetz für das Königreich Bayern vom 1. Juni 1822 nach den Änderungen des AG. CPO. u. KO.

JMB. = Bekanntmachung des kgl. bayer. Staatsministeriums der Justiz.

JMBl. = das bayer. Justizministerialblatt.

K. d. A. 1895/1896 Beil. Bd. VII Beil. 426 = Verhandlungen der Kammer der Abgeordneten des bayerischen Landtages im Jahre 1895/1896 Beilagen Band VII Beilage 426 Seite 679: Entwurf eines Gesetzes, einige Bestimmungen über die Schuldverschreibungen auf den Inhaber betr. nebst Motiven.

K. d. A. 1898/1899 Bd. XX Beil. A, B, C, D, J = Verhandlungen der Kammer der Abgeordneten des bayerischen Landtages im Jahre 1898/1899 des Justizgesetzgebungsausschusses zur Beratung der durch die Einführung des B. GB. veranlaßten Gesetzesentwürfe Beil. Bd. XX Beil. A: Entwurf eines Ausführungsgesetzes zum B. GB. S. 1 ff.; Beil. B: Entwurf eines Gesetzes, die durch die Einführung des B.GB. veranlaßten Änderungen der seit 1818 erlassenen Gesetze S. 67 ff.; Beil. C: Entwurf eines Ausführungsgesetzes zur GBO. u. zum ZVG. S. 135 ff.; Beil. D: Antrag der k. Staatsregierung zu den Entwürfen A u. B S. 155 ff.; Beil. J: Entwurf eines Gesetzes, die durch die Einführung des B. GB. veranlaßten Übergangsvorschriften betr. S. 255 ff., je mit Begründung.

Kom.B. HGB. = Bericht der Reichstagskommission über den Entwurf des HGB. sowie den Entwurf eines Einf. Ges. zu demselben, Reichstagsdrucksachen, 9. Leg.Per., IV. Session, 1895/97 Nr. 735.

Kom.B. Nov. CPO. Hahn VIII = Bericht der 6. Reichstagskommission vom 26. April 1898 zum Gesetze betr. die Änderungen der CPO. vom 17. Mai 1898, abgedruckt in den Materialien zu den Reichs-Justizgesetzen von C. Hahn u. B. Mugdan, VIII. Band S. 281 ff.

KO. = die Konkursordnung in der Fassung der Bekanntmachung vom 20. Mai 1898.

MB. = Ministerialbekanntmachung.

Motive B.GB. = Motive zum Entwurfe des bürgerlichen Gesetzbuchs Bd. I—V.

Nov. CPO. = das Gesetz betr. die Änderungen der Civilprozeßordnung vom 17. Mai 1898.

Not.G. = das Notariatsgesetz vom 9. Juni 1899.

Prot. Entw. B.GB. = Protokolle der Kommission für die 2. Lesung des Entwurfs des bürgerlichen Gesetzbuchs von Achilles, Gebhard, Spahn Bd. I—V.

Prot. Kom. CPO. 1. bzw. 2. Lesg. Hahn II/1 bezw. 2 = Protokolle der XI. Reichstagskommission zur Civilprozeßordnung 1. bzw. 2. Lesung, abgedruckt in den gesamten Materialien zur Civilprozeßordnung von C. Hahn, Bd. II Abteilung 1 bzw. 2.

Reg.Bl. = das Bayerische Regierungsblatt.

RGBl. = das Reichsgesetzblatt.

RG. CS. = Entscheidungen des Reichsgerichts in Civilsachen.

ROHG. = Entscheidungen des Reichsoberhandelsgerichts.

ÜG. = das Gesetz, die Übergangsvorschriften zum B.GB. betreffend vom 9. Juni 1899.

Vers.G. = das Reichsgesetz über die privaten Versicherungsunternehmungen vom 12. Mai 1901.

WO. = die Allgemeine deutsche Wechselordnung.

Zuständigkeitsverordnung = die Königlich bayerische Allerhöchste Verordnung vom 24. Dezember 1899 zur Ausführung des B.GB. und seiner Nebengesetze, JMBl. S. 97/1900.

ZVG. = das Reichsgesetz über die Zwangsversteigerung und Zwangsverwaltung vom 24. März 1897.

I. Teil.

Einleitung.

A. Kraftloserklärung abhanden gekommener oder vernichteter Urkunden im Aufgebotsverfahren.

I. Die Geltendmachung manchen Rechtes ist an die Aushändigung oder Vorlage der über das Rechtsverhältnis ausgestellten Urkunde gebunden. Ist diese Urkunde abhanden gekommen oder vernichtet, so wäre die Geltendmachung des in ihr beurkundeten Rechtes beeinträchtigt, oft sogar unmöglich, wenn nicht die Gesetzgebung ein Mittel böte, durch das „der Verlust der Urkunde derart aufgehoben wird, daß der Verlustträger tatsächlich über die Urkunde wie vor dem Verluste verfügen kann". (Begr. Entw. CPO. S. 469 Hahn II/1 S. 488.) Dieses Mittel liegt in der vom Gesetzgeber zugelassenen Kraftloserklärung abhanden gekommener oder vernichteter Urkunden im gerichtlichen Aufgebotsverfahren.

II. Das Rechtsinstitut des Aufgebotsverfahrens, das ist des Verfahrens „der öffentlichen gerichtlichen Aufforderung an unbestimmte Gegner oder unbekannte Beteiligte zur Anmeldung von Ansprüchen und Rechten mit präklusiver Folge (Aufgebot)",[1]) schöpft seine Bestimmungen teils aus dem materiellen (bürgerlichen oder öffentlichen Rechte), teils aus dem Prozeßrechte.

Das materielle Recht entscheidet die Fragen, „in welchen Fällen ein Aufgebot überhaupt zulässig sei, unter welchen Voraussetzungen es stattfinden könne, wer zu seiner Ausbringung legitimiert sei, worauf die Präklusion sich zu erstrecken habe, welche Anmeldungen neben oder der Präklusion entgegen stehen und wie die letztere wirke."[1])

Dem Prozeßrechte fällt lediglich „die formelle Regelung des Verfahrens zu, namentlich die Bestimmung über die Art der öffentlichen Bekanntmachung, die Erlassung und Anfechtung des Präklusionsurteils, die Gerichtszuständigkeit".[1])

---

[1]) Begr. Entw. CPO. S. 458 Hahn II/1 S. 479.

III. Der Gang der Rechtsentwickelung des Aufgebotsverfahrens zum Zwecke der Kraftloserklärung abhanden gekommener oder vernichteter Urkunden läßt zwei Hauptabschnitte erkennen:

1. Vor der Begründung des Deutschen Reichs fiel die Einführung und Ausbildung dieses Rechtsinstituts der Landesgesetzgebung anheim.

   In Bayern gestaltete sich die Rechtsentwickelung in folgender Weise:

   a) Ursprünglich war nur die Kraftloserklärung von Namenpapieren durch die s. g. Amortisationsdekrete, die Königlichen Verordnungen vom 10. Oktober 1810 (Reg.Bl. S. 953), 17. August 1813 (Reg.Bl. S. 1082) und 12. März 1817 (Reg.Bl. S. 177), zugelassen.

   b) Der Kreis der amortisierbaren Urkunden wurde erweitert, als vom 1. Januar 1851 an die allgemeine deutsche Wechselordnung und vom 1. Juli 1862 an das Allgemeine deutsche Handelsgesetzbuch in Kraft traten: Wechsel (Art. 73 WO.) und kaufmännische Orderpapiere (Art. 301, 302, 305 Abs. 2 HGB.) konnten jetzt für kraftlos erklärt werden. Auch auf kaufmännische Anweisungen waren die Bestimmungen des Art. 73 WO. für anwendbar erklärt worden. (Art. 1 Ges. v. 29. Juni 1851 Ges.Bl. S. 25, aufrecht erhalten durch das EG. HGB. vom 10. November 1861 Ges.=Bl. S. 425.)

   c) Zur Milderung der Härten, die in der Unzulässigkeit der Kraftloserklärung von Inhaberpapieren lagen, traf das Gesetz vom 29. September 1861, die Verjährung der Forderungen aus Staatsschuldurkunden der Staatsschuldentilgungsanstalt betr. (Ges.Bl. S. 33) in Art. 5 bezüglich der auf Inhaber lautenden Staatsschuldurkunden oder Zinsabschnitte für den Fall der Anmeldung des Abhandenkommens bei der Staatsschuldentilgungskommission wesentliche Erleichterungen, die nicht nur die Zahlung nach der Verjährung, sondern auch schon vor der Verjährung gegen Kautionserlage ermöglichten.

2. Seitdem Bayern ein Bundesstaat des Deutschen Reichs ist, ist auch auf dem Gebiete des Instituts der Kraftloserklärung von Urkunden das Reichsrecht als Rechtsquelle neben das Landesrecht Bayerns getreten.

   a) Der Einfluß dieser Rechtsquelle äußerte sich auf dem Gebiete des bürgerlichen Rechtes:

      aa) Die Allgemeine deutsche Wechselordnung und das Allgemeine deutsche Handelsgesetzbuch gelten in Bayern als Reichsgesetze. Andere Reichsgesetze brachten weitere Aufgebotsfälle, z. B. das Gesetz vom 12. Mai

1873 (RGBl. S. 91) bezügl. der Reichsschuldverschreibungen und Reichsschatzanweisungen, der § 8 des Reichsbankstatuts vom 21. Mai 1875 (RGBl. S. 203) bezügl. der Reichsbankanteilscheine.

bb) Der Entwurf des Bürgerlichen Gesetzbuchs und der des neuen Handelsgesetzbuchs hatten die Zulassung der Kraftloserklärung von Inhaberpapieren (Inhaberschuldverschreibungen und Inhaberaktien) in Aussicht genommen. Dies gab der bayerischen Gesetzgebung Anlaß, noch vor dem Inkrafttreten der neuen Reichsgesetze in Anpassung an deren Entwurf durch das Gesetz vom 18. März 1896, einige Bestimmungen über die Inhaberpapiere betr. (G.- u. V.-Bl. S. 174 ff.), eine Lücke der Gesetzgebung auszufüllen und endlich dem immer dringlicher hervortretenden Bedürfnisse nach Zulassung der Kraftloserklärung dieser Art von Papieren abzuhelfen.[1])

cc) Seitdem mit dem 1. Januar 1900 das Bürgerliche Gesetzbuch und das neue Handelsgesetzbuch in Kraft traten, ist in Bayern das Reichsrecht die Hauptquelle für die bürgerlich rechtlichen Bestimmungen des Aufgebotsverfahrens.[2]) Mit dem Inkrafttreten der Grundbuchordnung für ganz Bayern dürfte die Rechtsentwickelung wenigstens vorerst ihren Abschluß finden. Neben dem Reichsrechte sind jedoch noch einzelne landesgesetzliche Bestimmungen vorbehalten.

b) Die prozeßrechtlichen Normen des Aufgebotsverfahrens richten sich seit dem Inkrafttreten der Civilprozeßordnung vom 30. Januar 1877 in der Hauptsache nach Reichsrecht. Durch die Novelle zur Civilprozeßordnung vom 17. Mai 1898 wurde das Verfahren noch in einzelnen Bestimmungen weiter ausgebaut.

---

[1]) Literatur: Wilhelm Henle, das bayer. Gesetz v. 18. III. 96 über die Inhaberpapiere; Sigmund Merzbacher, das Gesetz einige Bestimmungen über die Inhaberpapiere betreffend v. 18. III. 96. Über die Entstehungsgeschichte und den Grundgedanken dieses Gesetzes siehe: K. d. A. 1895/1896 Beil. Bd. VII Beil. 426 S. 682/684. Henle a. a. O. S. 3 ff.

[2]) Durch Art. 175 AG. B.GB. wurden mit dem Inkrafttreten des B.GB. aufgehoben:

in Nr. 10: das Gesetz vom 29. Juni 1851, die kaufmännischen Anweisungen betr.;

in „ 16: das Gesetz vom 29. Sept. 1861, die Verjährung der Forderungen aus Staatsschuldurkunden betr.;

in „ 18: das Gesetz vom 10. Nov. 1861, die Einführung des A.D. HGB. betr.;

in „ 35: das Gesetz vom 18. März 1896, einige Bestimmungen über die Inhaberpapiere betr.

IV. Das Aufgebotsverfahren ist also seit dem 1. Januar 1900 sowohl in seinen bürgerlich rechtlichen Voraussetzungen und Wirkungen als bezüglich seines prozessualen Ganges im wesentlichen durch Reichsrecht geregelt. Inwieweit neben dem Reichsrechte das Landesrecht gilt und wie die Rechtsnormen beider in einandergreifen, darüber wird seines Ortes das Weitere zu sagen sein.

B. Zahlungssperre.

Die Zulassung der Kraftloserklärung einer Urkunde liegt im Interesse des Verlustträgers der Urkunde. Sie birgt freilich in sich die Gefahr einer Benachteiligung der Rechte eines gutgläubigen Besitzers der Urkunde oder eines aus der Urkunde berechtigten Gläubigers. Den gefährdeten Interessen dieser Berechtigten trägt das Gesetz dadurch Rechnung, daß es die Einleitung des Aufgebotsverfahrens an das Vorhandensein bestimmter Voraussetzungen knüpft und insbesondere die Erlassung eines öffentlichen Aufgebots innerhalb bestimmter Fristen anordnet. Die Erfüllung dieser Voraussetzungen verzögert die Einleitung, die Einhaltung dieser Fristen die Durchführung des Verfahrens. Dadurch können für den Verlustträger der Urkunde Nachteile entstehen: es besteht für ihn die Gefahr, daß der Aussteller durch berechtigte Leistung an einen unberechtigten Besitzer der Urkunde von seiner Schuldverbindlichkeit befreit wird. (§ 793 Abs. 1 S. 2 B.GB.; § 808 Abs. 1 S. 1 B.GB.).

Dem Eintreten dieser Gefahr beugt das Gesetz durch die Zulassung der Zahlungssperre vor, das ist ein auf Antrag zu erlassendes richterliches Verbot an den Aussteller, dem Inhaber zu leisten.[1])

Die Zahlungssperre wurde in Bayern durch Art. 3 des Gesetzes vom 18. März 1896 eingeführt. Den Bestimmungen dieses Gesetzes schließt sich in der Hauptsache die Novelle zur Civilprozeßordnung vom 17. Mai 1898 an (§§ 1019—1022 CPO.).[2])

C. Ausschluß des guten Glaubens.

Dem Verlustträger eines Inhaberpapiers droht auch die Gefahr, daß die Rechte aus dem Papier auf den übergehen, der es gutgläubig erwirbt (§ 935 Abs. 2 B.GB.). Dieser Gefahr sucht für gewisse Verhältnisse die Vorschrift in § 367 HGB. vorzubeugen. Die von einer öffentlichen Behörde, oder von dem aus der Urkunde Verpflichteten ausgehende Bekanntmachung der abhanden gekommenen Urkunde im Deutschen Reichsanzeiger, kann

[1]) Bezüglich des Grundgedankens der Zulassung der Zahlungssperre: K. d. A. 1895/1896 Beil. Bd. VII Beil. 426 S. 687; Motive B.GB. II S. 707.

[2]) Begr. Nov. CPO. S. 203 Hahn VIII S. 182.

den Ausschluß des guten Glaubens eines Kaufmanns, der Bankier- oder Geldwechslergeschäfte betreibt, nach sich ziehen.[1])

Die Bestimmung des § 367 HGB. steht in keinem inneren Zusammenhange mit dem Aufgebotsverfahren; ein äußerer Zusammenhang besteht nur insofern, als auch das Aufgebot in der Regel im Deutschen Reichsanzeiger zu veröffentlichen ist und dann mit dieser Veröffentlichung die Rechtsfolgen des § 367 HGB. verbunden sind.[2])

In Bayern ist dem Verlustträger eines Inhaberpapiers ein Recht darauf eingeräumt, daß die Veröffentlichung durch Vermittelung einer Behörde erfolgt. Demgemäß ist den Distriktspolizeibehörden, in München der Kgl. Polizeidirektion, die Pflicht der Bekanntmachung auf Antrag des Verlustträgers auferlegt. (Art. 90 AG. B.GB.; § 8 der Zuständigkeitsverordnung vom 24. XII. 1899, JMBl. S. 99/1900.)[3])

D. Verschiedene Arten von Kraftloserklärungen und Aufgeboten.

Die Darstellung des Rechtes der Kraftloserklärung abhanden gekommener oder vernichteter Urkunden im gerichtlichen Aufgebotsverfahren[4]) einschließlich der Zahlungssperre ist Gegenstand dieses Leitfadens.

Darnach fällt **nicht** in den Rahmen dieser Abhandlung:

I. Die Einziehung von Urkunden durch den Aussteller zum Zwecke ihrer Vernichtung. (§ 227 HGB.: Einziehung von Aktien; § 290 HGB.: Kraftloserklärung von Aktien.)[5])

II. Die durch den Aussteller erfolgende Verlustigerklärung der Rechte aus Urkunden über Gesellschaftsbeteiligungen im sog. Kaduzierungsverfahren. (§ 219 ff. HGB.: Kaduzierung von Aktien.)

III. Die Kraftloserklärung einer Urkunde durch den Aussteller mittels öffentlicher Bekanntmachung. (§ 176 B.GB.: Kraftloserklärung einer Vollmachtsurkunde.)[6])

---

[1]) Denkschr. Entw. HGB. S. 208.

[2]) Henle-Schneider, Art. 90 AG. B.GB. Vorbem. S. 152; Staub § 367 HGB. S. 1188 ff.; Makower § 367 HGB. S. 1024 ff.

[3]) K. d. A. 1898/1899, Beil. Bd. XX, Beil. D S. 158.

[4]) Der frühere Sprachgebrauch war „Amortisation", auch „Mortifikation".

[5]) Dieses Verfahren wird gleichfalls „Amortisation" genannt.

[6]) Die Kraftloserklärung der Bestallungsurkunde eines Vormunds (§ 1791 B.GB.) oder der Bestallungsurkunde eines Konkursverwalters (§ 81 Abs. 2 KO.) ist im Gesetze nicht vorgesehen; diese Urkunden haben nicht die Bedeutung einer Vollmacht, eines gutgläubige Dritte schützenden Legitimationspapiers: Motive B.GB. IV S. 1079. Planck B.GB. IV § 1791 A. 1, § 1893 A. 2.

IV. Die Kraftloserklärung einer vom Gerichte ausgestellten Urkunde wegen Unrichtigkeit ihres Inhalts: z. B. die Kraftloserklärung eines Erbscheins (§ 2361 Abs. 2 B.GB.), eines Zeugnisses des Testamentsvollstreckers (§ 2368 Abs. 3 B.GB.), eines Zeugnisses über die fortgesetzte Gütergemeinschaft (§ 1507 B.GB.).

V. Jede Art des Aufgebotsverfahrens, das nicht die Kraftloserklärung von Urkunden zum Gegenstand hat, sonach das Aufgebotsverfahren zum Zwecke:

1. der Todeserklärung (§ 960–976 CPO.);[1])
2. der Ausschließung des Eigentümers eines Grundstücks, das seit 30 Jahren im Eigenbesitze eines anderen ist (§ 927 B.GB., § 977—981 CPO);[2])
3. der Ausschließung eines unbekannten Hypotheken-, Grundschuld- oder Rentenschuldgläubigers nach Ablauf von 10 Jahren nach der letzten auf die Hypothek, Grund- oder Rentenschuld sich beziehenden Eintragung im Grundbuche (§§ 1170, 1171, 1192, 1199 B.GB., § 982–987 CPO.);[2])[3])
4. der Ausschließung des Berechtigten mit einer Vormerkung, einem Vorkaufsrechte, einer Reallast und einem Schiffspfandrechte (§§ 887, 1104, 1112, 1269 B.GB., § 988 CPO.);[2])
5. der Ausschließung von Nachlaßgläubigern (§ 1970 B.GB., § 989–1000 CPO.);
6. der Ausschließung von Gesamtgutsgläubigern im Falle der fortgesetzten Gütergemeinschaft (§ 1489 Abs. 2, 1970 B.GB., § 1001 CPO.);
7. der Ausschließung von Schiffspfandgläubigern mit ihrem Pfandrechte (§ 765 HGB., § 111 Ges. betr. d. privatrechtl. Verhältnisse der Binnenschiffahrt v. 15. Juni 1895, § 1002 CPO.);[2])
8. der Ausschließung eines unbekannten Berechtigten von der Befriedigung im Zwangsversteigerungsverfahren (§ 138 ZVG., § 12 EG. ZVG., Art 33 AG. ZVG.);
9. des Erlöschens nicht eingetragener Grunddienstbarkeiten (Art. 218 EG. B.GB., Art. 11–18 ÜG.);[4])
10. zur Erhaltung einer Präklusion gegen unbekannte Realprätendenten eines Grundstücks oder zur vollständigen Besitztitelberichtigung nach der preuß. Gerichtsordnung T. I Titel 51 §§ 100–109 (Art. 158–160 AG. CPO. mit Art. 166 letzt. Abs. AG. B.GB.).

---

[1]) Art. 71—74, 103—121 AG. CPO. sind aufgehoben durch Art. 166 Nr. XVI AG. B.GB.

[2]) Vgl. § 11 EG. CPO., § 1024 CPO., Art. 69b AG. CPO.; hierzu: K. d. A. 1898/1899, Beil. Bd. XX Beil. B S. 116, Henle-Schneider AG. B.GB. S. 315, ferner unten S. 26.

[3]) Bezügl. der Kraftloserklärung der Hypothekforderungen nach § 82 u. 166 Hyp.G. siehe unten S. 26.

[4]) K. d. A. 1898/1899 Beil. XX F. S. 271; Henle-Schneider AG. B.GB. S. 408.

II. Teil.

Die Zulässigkeit der Kraftloserklärung bei den verschiedenen Arten von Urkunden.

Nicht alle abhanden gekommenen oder vernichteten Urkunden können für kraftlos erklärt werden.

Das Aufgebotsverfahren findet nur in den durch das Gesetz bestimmten Fällen statt. (§ 946 CPO.).

Die Eigenschaft, für kraftlos erklärt werden zu können, muß also einer Urkunde durch das Gesetz beigelegt werden.

Wo nach bestehenden Rechtsnormen das Aufgebotsverfahren zum Zwecke der Kraftloserklärung nicht zulässig ist, wird es durch die Prozeßordnung nicht eingeführt. (Begr. Entw. CPO. S. 458, Hahn II/1 S. 479.)

Aus der Zweckbestimmung der Kraftloserklärung kann im Allgemeinen entnommen werden, daß ein Bedürfnis zur Kraftloserklärung nur für Urkunden besteht, bei denen die Geltendmachung des verbrieften Rechtes an die Urkunde geknüpft ist, also nur bei Wertpapieren[1]) im Gegensatz zu Beweisurkunden oder einfachen Legitimationspapieren.

In Folgendem ist zunächst festzustellen, welche Urkunden nach den Reichs- oder Landesgesetzen für kraftlos erklärt werden können.

1. Abschnitt.

Schuldverschreibungen auf den Inhaber.

Schuldverschreibungen auf den Inhaber sind Urkunden, in denen der Aussteller (Schuldner) dem Inhaber der Urkunde (Gläubiger) eine Leistung in der Weise verspricht, daß einerseits der zur Verfügung berechtigte Inhaber vom Aussteller die Leistung nach Maßgabe des Schuldversprechens verlangen kann, andererseits der Aussteller von seiner Schuldverbindlichkeit durch Leistung

---

[1]) Die Einteilung der Wertpapiere bei Fischer-Henle. Vorbem. zu § 793 B.GB. konnte hier aus Zweckmäßigkeitsgründen nicht beibehalten werden.

an jeden Inhaber befreit wird, selbst wenn dieser zur Verfügung über die Urkunde nicht berechtigt wäre. (§ 793 B.GB.)[1])

Der Aussteller ist nur gegen Aushändigung der Schuldverschreibung zur Leistung verpflichtet (§ 797 B.GB.).

Inhaberschuldverschreibungen sind z. B.: Reichsschuldverschreibungen und Reichsschatzanweisungen, Staatsobligationen, Kommunal- (Gemeinde-, Distriktsgemeinde-, Kreisgemeinde-) Schuldverschreibungen, Pfandbriefe von Banken, Prämien- oder Lotterielose.[2])

A.

Die Zulässigkeit der Kraftloserklärung der Schuldverschreibungen auf den Inhaber ist seit dem 1. Januar 1900 durch die Reichsgesetzgebung grundsätzlich für ganz Deutschland anerkannt,[3]) und zwar für Schuldverschreibungen, die ausgestellt sind:

a) nach dem Inkrafttreten des B.GB. (§ 799 B.GB.);

b) vor dem Inkrafttreten des B.GB. (§ 799 B.GB.; Art. 174 EG. B.GB.).

B.

Diese Zulässigkeit der Kraftloserklärung ist aber nicht ausnahmslos gegeben.

Folgende Ausnahmefälle sind zu beachten:

I. In der Urkunde selbst kann die Zulässigkeit der Kraftloserklärung mit Rechtswirksamkeit ausgeschlossen werden: Dies geschieht z. B. häufig bei Kirchenbaulotterien.

II. Zins-, Renten- oder Gewinnanteilscheine,[4]) die auf den Inhaber lauten,[5]) können in Bayern nicht für kraftlos

[1]) Über die rechtliche Natur der Inhaberschuldverschreibung siehe: Motive B.GB. II S. 695; Henle, Inhaberpapiergesetz S. 10 Anm. 7, S. 80/82: Einseitiges Versprechen abstrakter Natur. — Im Inlande ausgestellte Inhaberschuldverschreibungen, in denen die Zahlung einer bestimmten Geldsumme versprochen wird, dürfen nur mit staatlicher Genehmigung in den Verkehr gebracht werden. (§ 795 B.GB., Zuständigkeitsverordnung vom 24. XII. 99 JMBl. 1900 S. 97 § 9.)

[2]) Bezügl. der Lotterielose: K. d. A. 1895/1896 Bd. VII Beil. 426 S. 682; vgl. Daude § 25 S. 94 A. 5. Im einzelnen Falle wird der Inhalt der Urkunde entscheidend sein.

[3]) Die Gründe für und wider die Zulässigkeit der Kraftloserklärung von Inhaberschuldverschreibungen siehe: Motive B.GB. II S. 705, Motive z. bayer. Ges. v. 18. III. 1896 K. d. A. 1895/1896 Bd. VII Beil. 426 S. 683; Henle, Inhaberpapiergesetz, S. 3, 14 ff. A. 3: Zusammenstellung der Literatur; A. 4 u. 5: Stand der Gesetzgebung Deutschlands und des Auslands bei Einführung des Gesetzes.

[4]) Über die rechtliche Natur der Zins-, Renten-, Gewinnanteilscheine: Motive B.GB. II S. 702: Keine abstrakte Obligation; Henle, Inhaberpapiergesetz S. 26 A. 23.

[5]) Die hier zu erörternden Bestimmungen der §§ 799, 803, 804 B.GB. bezügl. der Zins-, Renten- oder Gewinnanteilscheine behandeln offensichtlich

erklärt werden und zwar im Falle der Ausstellung der Haupturkunde[1]) oder der Ausgabe des Zins-, Renten- bezw. Gewinnanteilscheins

a) nach dem Inkrafttreten des B.GB. (§ 799 Abs. 1 S. 2 B.GB.);

b) vor dem Inkrafttreten des B.GB. (§ 799 Abs. 1 S. 2 B.GB., Art. 174 Abs. 1 S. 2, 175 EG. B.GB., Art. 1 Abs. 1 S. 2, Art. 15 Abs. 2 des bayer. Ges. v. 18. III. 1896.).

1. Das Bürgerliche Gesetzbuch stellt den Grundsatz der Unzulässigkeit der Kraftloserklärung dieser Nebenurkunden auf unter Vorbehalt anderweiter landesgesetzlicher Bestimmungen. (§ 799 Abs. 1 S. 2 B.GB., Art. 174 Abs. 1 S. 2, 175, 218 EG. B.GB.) Die bayerische Gesetzgebung, die den Standpunkt des Entwurfs des B.GB. schon vor dessen Inkrafttreten eingenommen hatte (Art. 1 Abs. 1 S. 2 des Gesetzes vom 18. III. 1896), machte von diesem Vorbehalte bisher keinen Gebrauch.

Der Ausschluß der Kraftloserklärung der Zins-, Renten- oder Gewinnanteilscheine ist bedingt durch die besondere Natur dieser meist über kleine Beträge lautenden Papiere und die infolgedessen aus ihrer Kraftloserklärung drohenden Gefahren. Bei Einlösung sehr zahlreicher Papiere dieser Art würde überdies die Kontrolle eine ganz unverhältnismäßige, auch den Gläubiger beschwerende Mehrarbeit erfordern. (Motive B.GB. II S. 706.)

2. Der Grundsatz der Nichtamortisierbarkeit der Zins-, Renten- oder Gewinnanteilscheine darf aber für die Regel dem Aussteller nicht zum Vorteile gereichen. Das Bürgerliche Gesetzbuch hat deshalb dem Verlustträger ein Mittel an die Hand gegeben, um sich sein Gläubigerrecht möglichst zu wahren (Motive B.GB. II S. 710.):

---

nur solche Scheine, die auf den Inhaber lauten. Vgl. die Motive zum Entwurfe des B.GB. Bd. II S. 701. Aber auch auf solche Scheine, die Order- oder Legitimationspapiere sind, darf man diese Bestimmungen wohl entsprechend zur Anwendung bringen. (Planck, B.GB. Bd. II A. 1 zu § 803).

Für Zinsscheine zu den auf Namen umgeschriebenen Inhaberschuldverschreibungen des bayerischen Staates und der diesem angehörenden Körperschaften, Stiftungen oder Anstalten des öffentlichen Rechtes sind die Bestimmungen der §§ 799 u. 803 B.GB. durch Art. 54 AG. B.GB. ausdrücklich als anwendbar erklärt.

[1]) „Haupturkunde" = „Stammurkunde", bei Pfandbriefen auch „Mantel" genannt. Zinsschein = Coupon, Gewinnanteilschein = Dividendencoupon, Rentenschein = Rentencoupon. Der Rentenschein ist ein Teil der Haupturkunde, des „Rentenbriefs". Verschieden vom Rentenbrief ist der „Renten schuld brief" des § 1199 B.GB. = Urkunde über eine Art Grundschuld. „Renteninterimsschein" ist eine interimistisch ausgestellte Haupturkunde über einen Rentenanspruch, meistens Urkunde nach § 808 B.GB.

§ 804 B.GB. bestimmt:

Abs. 1: „Ist ein Zins-, Renten- oder Gewinnanteilschein abhanden gekommen oder vernichtet und hat der bisherige Inhaber den Verlust dem Aussteller vor dem Ablaufe der Vorlegungsfrist[1]) angezeigt, so kann der bisherige Inhaber nach dem Ablaufe der Frist die Leistung von dem Aussteller verlangen. Der Anspruch ist ausgeschlossen, wenn der abhanden gekommene Schein dem Aussteller zur Einlösung vorgelegt oder der Anspruch aus dem Scheine gerichtlich geltend gemacht worden ist, es sei denn, daß die Vorlegung oder die gerichtliche Geltendmachung nach dem Ablaufe der Frist erfolgt ist. Der Anspruch verjährt in vier Jahren. Abs. 2: In dem Zins-, Renten- oder Gewinnanteilscheine kann der in Abs. 1 bestimmte Anspruch ausgeschlossen werden."[2])[3])

Diese Bestimmungen des § 804 B.GB. gelten auch für Zins-, Renten- oder Gewinnanteilscheine, die vor dem 1. Januar 1900 oder nach dem 1. Januar 1900 zu den vor diesem Zeitpunkte ausgestellten Schuldverschreibungen ausgegeben sind. (Art. 174 Abs. 1 u. 175 EG. B.GB.; vgl. auch Art. 12, 15 Abs. 2 des Ges. v. 18. III. 1896.)[4])

3. In Vorstehendem ist nur die Frage der selbständigen Kraftloserklärung von Zins-, Renten- oder Gewinnanteilscheinen behandelt.

Verschieden davon ist die Untersuchung, inwieweit die Kraftloserklärung der Haupturkunde einen Einfluß auf diese Nebenurkunden ausübt. Das Nähere hierüber ist bei dem Abschnitte über die Wirkungen des Ausschlußurteils zu sagen (Teil VII Absch. 2 VI). Hier mag folgende Bemerkung genügen:

a) Bei Schuldverschreibungen auf den Inhaber bleiben trotz Kraftloserklärung der Haupturkunde die ausgegebenen Zinsscheine, sofern sie nicht eine gegenteilige Bestimmung

---

[1]) Vorlegungsfrist vorbehaltlich einer anderen Bestimmung in der Urkunde selbst: 4 Jahre, beginnend mit dem Schlusse des Jahres, in welchem die für die Leistung bestimmte Zeit eintritt. (§ 801 Abs. 2 und 3 B.GB., Art. 8 ÜG., Art. 54 Abs. 1 AG. B.GB.)

[2]) Art. 100 EG. B.GB. Bei Zinsscheinen der Reichsschuld ist dieser Anspruch ausgeschlossen, ohne daß es einer Ausschließung im Scheine bedarf. (§ 16 Abs. 2, 21 der Reichsschuldenordnung vom 19. März 1900.)

[3]) Die Beweispflicht bezügl. des Verlustes und der Verlustanzeige obliegt dem Verlierenden, bezgl. der befreienden Einlösung dem Aussteller. Motive B.GB. II S. 711; Prot. B.GB. II S. 548 ff. Die Zustellung der Verlustanzeige durch einen Gerichtsvollzieher (§ 132 B.GB.) ist zweckmäßig.

[4]) Über die Entstehungsgeschichte und Auslegung des Art. 174 EG. B.GB. siehe Seite 12 Anm. 1.

enthalten, in Kraft. (§ 803 B.GB., Art. 174 EG. B.GB., Art. 8 ÜG.)

b) Bei Aktien oder Aktieninterimsscheinen erlischt mit der Kraftloserklärung der Haupturkunde auch der Anspruch aus den noch nicht fälligen, auf den Inhaber ausgegebenen Gewinnanteilscheinen. (§ 228 Abs. 2 HGB., Art. 25 EG. HGB.)

III. Erneuerungsscheine (Talons), das sind die zur Abhebung neuer Zins-, Renten- oder Gewinnanteilscheinbögen bestimmten Urkunden, können nur dann für kraftlos erklärt werden, wenn sie ihrer rechtlichen Natur nach als selbständige Urkunden zu gelten haben:[1])

1. Nach dem bereits vom bayerischen Gesetze vom 18. März 1896 eingenommenen Standpunkte des neuen bürgerlichen Rechtes sind die Erneuerungsscheine keine selbständigen Schuldverschreibungen auf den Inhaber, sondern vom Hauptpapiere abhängige, unvollkommene Legitimationspapiere, die mit der Haupturkunde selbst bedeutungslos und kraftlos werden. (Motive B.GB. II S. 702, 706; Prot. Entw. B.GB. II S. 553.)

Das Bürgerliche Gesetzbuch und das Handelsgesetzbuch geben diese Auffassung vom juristischen Wesen der Erneuerungsscheine klar kund (Motive B.GB. II S. 712.). Neue Zins-, oder Rentenscheine für eine Schuldverschreibung auf den Inhaber oder neue Gewinnanteilscheine für eine Aktie oder einen Aktien-Interimsschein dürfen an den Inhaber des Erneuerungsscheins nicht ausgegeben werden, wenn der Inhaber bezw. Besitzer der Haupturkunde der Ausgabe widersprochen hat. Die Scheine sind in diesem Falle dem Inhaber bezw. Besitzer der Haupturkunde auszuhändigen, wenn er die Haupturkunde vorlegt. (§ 805 B.GB., § 230 HGB.)[2])

Das bayerische Gesetz vom 18. März 1896 betr. die Inhaberpapiere hatte die gleiche Bestimmung enthalten. (Art. 13, 15 Abs. 1.)

Aus dieser rechtlichen Natur des Erneuerungsscheins ergibt sich die Unzulässigkeit seiner Kraftloserklärung.

2. Diesen Bestimmungen des Bürgerlichen Gesetzbuchs und des Handelsgesetzbuchs sowie des Inhaberpapiergesetzes vom

---

[1]) Über die rechtliche Natur der Erneuerungsscheine: Motive B.GB. II S. 702: Unvollkommene Legitimationspapiere; Henle, Inhaberpapiergesetz, S. 28 Anm. 24.

[2]) Für Erneuerungsscheine der auf Namen umgeschriebenen Schuldverschreibungen des bayerischen Staates und der diesem angehörenden Körperschaften, Stiftungen oder Anstalten des öffentlichen Rechtes ist diese Bestimmung des § 805 B.GB. anwendbar erklärt. (Art. 54 Abs. 1 AG. B.GB.)

18. März 1896 ist aber keine rückwirkende Kraft durch Übergangsvorschriften beigelegt.[1])

Für die vor dem Inkrafttreten[2]) des Gesetzes vom 18. März 1896 ausgegebenen Erneuerungsscheine ist deshalb auf das frühere Recht zurückzugreifen.[2]) Dabei ist zu unterscheiden:

a) Erneuerungsscheine zu Staatsschuldverschreibungen verlieren nach Art. 3 des bayer. Gesetzes vom 29. September 1861 nach Ablauf von 5 Jahren vom Verfalltage des letzten Zinsabschnittes an gerechnet ihre Gültigkeit; von dieser Zeit an kann die Ausfertigung neuer Zinsabschnitte nur auf Vorzeigung der Staatsschuldurkunde selbst erfolgen.

Diese Bestimmung ist zwar durch Art. 39 des Inhaberpapiergesetzes vom 18. März 1896 aufgehoben worden, findet aber für die vor dem Inkrafttreten des letzteren Gesetzes ausgegebenen Zinsscheine auch heute noch Anwendung. (K. d. A. 1895/1896 Bd. VII Beil. 426 S. 690).

b) Bezüglich der übrigen vor dem Inkrafttreten des Gesetzes vom 18. März 1896 ausgegebenen Erneuerungsscheine ist zur Prüfung der Frage der Zulässigkeit ihrer Kraftloserklärung in jedem einzelnen Falle die rechtliche Natur des Erneuerungsscheins zu untersuchen.

Voraussetzung für diese Untersuchung wird nicht nur eine genaue Kenntnis des Inhalts des Erneuerungsscheins und der Haupturkunde, sondern auch der Ausgabebedingungen, der Statuten und Privilegien der Ausstellerin sein. Dabei wird zu beachten sein, daß das bayerische Recht bis zum Erscheinen des Gesetzes vom 18. März 1896 die Kraftloserklärung von Inhaberpapieren nicht kannte.

IV. Banknoten können nicht für kraftlos erklärt werden; dies ist dem § 4 Abs. 3 des Reichsbankgesetzes vom 14. März 1875 zu entnehmen.

V. Auf Sicht zahlbare unverzinsliche Schuldverschreibungen können in Bayern nicht für kraftlos erklärt werden, mögen sie ausgestellt oder ausgegeben sein

---

[1]) Es scheint nicht ausgeschlossen, daß bei Feststellung der Fassung des Art. 174 EG. B.GB. durch ein Versehen die Anwendbarkeit der Bestimmungen des B.GB. bezüglich der vor seinem Inkrafttreten ausgestellten Inhaberschuldverschreibungen statt auf § 805 B.GB. auf § 804 B.GB. ausgedehnt wurden. (Art. 105 E I, Art. 146 E II.) Der Wortlaut des zum Gesetz erhobenen Art. 174 EG. B.GB. führt aber zu keiner Sinnwidrigkeit. An ihm muß also bei Auslegung des Gesetzes festgehalten werden. Planck B.GB. Bd. VI. Art. 174 Anm. 3d u. 5; Staudinger B.GB. Bd. VI Art. 174 Anm. 2 A.

[2]) Das Gesetz vom 18. III. 1896 ist in Nr. 12 des G.- u. V.-Bl. vom gleichen Tage verkündet.

a) nach dem Inkrafttreten des B.GB.
b) vor dem Inkrafttreten des B.GB.

(§ 799 Abs. 1 Satz 2 B.GB., Art. 174 Abs. 1 Satz 2 EG. B.GB., Art. 1 Abs. 1 Satz 2, Art. 15 Abs. 2 des Ges. v. 18. III. 1896.)

Die bayerische Gesetzgebung machte von dem Vorbehalte einer anderweitigen Regelung keinen Gebrauch. Die Ausschließung der Zulässigkeit der Kraftloserklärung für die bezeichneten Schuldverschreibungen beruht auf ihrer geldähnlichen Natur und Funktion. (Motive B.GB. II S. 706.)

VI. Verpflichtungszeichen nach § 807 B.GB.[1]) können in Bayern nicht für kraftlos erklärt werden: „Karten, Marken oder ähnliche Urkunden, in denen ein Gläubiger nicht bezeichnet ist, und welche vom Aussteller unter Umständen ausgegeben werden, aus welchen sich ergibt, daß er dem Inhaber zu einer Leistung verpflichtet sein will, unterscheiden sich von den eigentlichen Schuldverschreibungen auf den Inhaber dadurch, daß sie regelmäßig den Gegenstand der Leistung gar nicht oder nur sehr unvollkommen, oft nicht einmal den Aussteller ergeben, auch fast durchgehends der Vollziehung entbehren. Ihre Bedeutung kann eine verschiedene sein. Mitunter wohnt ihnen nur der Charakter einer Legitimationsurkunde bei; andererseits ist nicht ausgeschlossen, daß sie gerade so wie die Schuldverschreibungen auf den Inhaber dem jeweiligen Inhaber ein selbständiges, nicht abgeleitetes Gläubigerrecht verschaffen sollen; häufig ist der rechtliche Charakter ein gemischter. Die Besonderheit dieser Urkunden besteht darin, daß die Urkunde nicht zugleich das Versprechen, den Schuldner und vor allem nicht den Kreis der vorbehaltenen Einreden enthält." (Motive B.GB. II S. 721/722.)

Solche Urkunden sind: Fahrkarten, Kilometerhefte der Eisenbahnen, Theaterbillets, Speise-, Biermarken, Gutscheine.

Das Reichsrecht traf bezüglich der Kraftloserklärung dieser Urkunden keine Anordnung, ließ aber die Regelung der Kraftloserklärung durch die Landesgesetzgebung unberührt. (Art. 102 Abs. 1 EG. B.GB.)

Bayern machte von der Befugnis, die einschlägige Frage landesgesetzlich zu regeln, keinen Gebrauch.[2])

2. Abschnitt.

Inhaberpapierähnliche Namenpapiere nach § 808 B.GB.[3])

Diese inhaberpapierähnlichen Namenpapiere sind Urkunden, in denen der Gläubiger benannt ist, die jedoch mit der Be-

---

[1]) Auch „kleine Inhaberpapiere" genannt.

[2]) Schon unter der Herrschaft des Gesetzes vom 18. III. 1896 sollte die Kraftloserklärung dieser Papiere nicht zulässig sein: K. d. A. 1895/1896 Bd. VII Beil. 426 S. 687.

[3]) Auch „hinkende Inhaberpapiere" oder „qualifizierte Legitimationspapiere" genannt.

stimmung ausgegeben sind, daß die in der Urkunde versprochene Leistung an jeden Inhaber bewirkt werden kann. Der Schuldner wird durch die Leistung an jeden Inhaber der Urkunde befreit; der Inhaber ist aber nicht berechtigt, die Leistung zu verlangen. Der Schuldner ist auch dem in der Urkunde benannten Gläubiger gegenüber nur gegen Aushändigung der Urkunde zur Leistung verpflichtet. (§ 808 B.GB.)[1])

Inhaberpapierähnliche Namenpapiere sind z. B. in der Regel: Sparkassenbücher, Pfandscheine, Leihhausscheine, Depotscheine, Versicherungspolicen, Niederlagescheine der Hauptzollämter.[2])

Wenn auch nicht für alle Arten solcher Urkunden und nicht immer ein Bedürfnis zur Kraftloserklärung besteht, so darf doch nicht verkannt werden, daß in der Regel nur durch Kraftloserklärung der zu Verlust gegangenen Urkunde dem Gläubiger die Geltendmachung seiner Rechte ermöglicht wird. (Prot. Entw. B.GB. II 564/565).

Durch die Reichsgesetzgebung wurde deshalb die Zulässigkeit der Kraftloserklärung dieser Urkunden mangels anderweiter Bestimmung ausgesprochen (§ 808 Abs. 2 S. 2 B.GB., Art. 177 EG. B.GB.), jedoch der Landesgesetzgebung die Einführung eines anderen Verfahrens an Stelle des Aufgebotsverfahrens (Art. 102 Abs. 2 u. 177 EG. B.GB.) oder die Vereinfachung des Aufgebotsverfahrens (§ 1023 CPO.) vorbehalten.

Die bayerische Ausführungsgesetzgebung hat für die vor oder nach dem 1. Januar 1900 ausgegebenen Sparkassenbücher öffentlicher Sparkassen auf Grund dieser reichsgesetzlichen Ermächtigung neben dem gerichtlichen Aufgebotsverfahren ein vom Vorstande der Sparkasse durchzuführendes einfacheres Aufgebotsverfahren geschaffen. (Art. 111 ff. AG. B.GB.)

Für alle anderen Urkunden nach § 808 B.GB. ist aber in Bayern das gerichtliche Aufgebotsverfahren durch kein anderes Verfahren ersetzt; vielmehr sind lediglich Erleichterungen des Verfahrens geschaffen.

Urkunden nach § 808 B.GB. können also mangels anderweiter Bestimmung in Bayern für kraftlos erklärt werden, mögen sie ausgegeben sein:

a) nach dem Inkrafttreten des B.GB.

b) vor dem Inkrafttreten des B.GB.

---

[1]) Die Entscheidung, ob eine Urkunde nach § 808 B.GB. vorliegt, wird der Aufgebotsrichter mit Sicherheit meistens erst nach Kenntnis des genauen Wortlauts der Urkunde und nach Einsichtnahme der allgemeinen und besonderen Ausgabebedingungen fällen können. Die tatsächlichen Unterlagen für die Entscheidung hat der Antragsteller zu beschaffen.

[2]) § 14 Abs. 1 des Zollniederlageregulativs, Bundesratsbeschluß vom 5. VII. 1888 auf Grund § 106 d. Vereinszollgesetzes. (Amtsblatt der k. b. Generaldirektion 1888 S. 601.)

Sollten Zins-, Renten-, Gewinn-Anteilscheine sich als Urkunden nach § 808 B.GB. darstellen, so werden auf sie die oben Abschnitt 1 B II erörterten Grundsätze entsprechend anzuwenden sein. (Siehe oben S. 8 Anm. 5, Planck A. 1 zu § 803 B.GB.)

3. Abschnitt.

Schuldverschreibungen auf Namen.

Schuldverschreibungen auf Namen[1]) sind Urkunden, in denen der Gläubiger benannt ist mit der Wirkung, daß der Aussteller (Schuldner) nur durch Leistung an den in der Urkunde benannten Gläubiger oder dessen Rechtsnachfolger befreit wird.

Bezüglich der Kraftloserklärung sind zu unterscheiden:

I. Die nach dem Inkrafttreten des B.GB. ausgegebenen Schuldverschreibungen auf Namen:

Der Schuldner kann bei Leistung neben der Quittung die Rückgabe des über die Forderung ausgestellten Schuldscheins verlangen. Behauptet jedoch der Gläubiger, zur Rückgabe außer Stande zu sein, so kann der Schuldner das öffentlich beglaubigte Anerkenntnis[2]) verlangen, daß die Schuld erloschen sei. (§ 371 B.GB.)[3])

Durch diese Bestimmung in Verbindung mit den Vorschriften über den Schutz des gutgläubigen Schuldners im Falle einer Forderungsübertragung (§ 407 ff., 952 B.GB.) ist die Kraftloserklärung der Schuldverschreibungen auf Namen unnötig geworden und deshalb im B.GB. nicht mehr zugelassen.[4])

Gegenteilige landesgesetzliche Bestimmungen sind für die Zukunft außer Kraft gesetzt. (Art. 55 EG. B.GB.)

II. Die vor dem Inkrafttreten des B.GB. ausgegebenen Schuldverschreibungen auf Namen:

Für die Schuldverhältnisse, die durch Ausgabe der Urkunde vor dem Inkrafttreten des B.GB. entstanden sind, bleiben die bisherigen Gesetze maßgebend. (Art. 170 EG. B.GB.)

Die bayerischen Verordnungen vom 10. Oktober 1810 (Reg.Bl. S. 953) und 17. August 1813 (Reg.Bl. S. 1082) lassen

---

[1]) Unter den Schuldverschreibungen auf Namen sind hier nur die s.g. Rektapapiere verstanden.

[2]) Die öffentliche Beglaubigung erfolgt in Bayern durch notarielle Beurkundung oder notarielle Unterschriftsbeglaubigung: § 129 Abs. 1 und 2 B.GB., Art. 141 EG. B.GB., Art. 15 AG. GVG. in der Fassung des Art. 167 Nr. I. AG. B.GB., § 167 Abs. 2, § 191 Abs. 2 G.F.G.; Art. 1 Not.G.

[3]) Dies Anerkenntnis wird auch „Mortifikationsschein" genannt.

[4]) Mot. Entw. B.GB. II S. 90 § 271; Kom. B. Nov. CPO. S. 222 Hahn VIII S. 429 zu § 837 über kaufmännische Rekta-Anweisungen.

die Kraftloserklärung der Namenpapiere zu und bilden so in Bayern die gesetzliche Unterlage für die Kraftloserklärung der vor dem 1. Januar 1900 ausgegebenen Namenpapiere.[1])

4. Abschnitt.

Auf Namen umgeschriebene Inhaberschuldverschreibungen.

Eine auf den Inhaber lautende Schuldverschreibung kann durch den Aussteller auf den Namen eines bestimmten Berechtigten umgeschrieben werden. (§ 806 B.GB., Art. 174 EG. B.GB.)[2])

Durch die Umschreibung wird die Urkunde, ohne ihre Eigenschaft als Wertpapier[3]) zu verlieren, zum Namenpapier. Die umgeschriebene Urkunde kann sich jedoch nach Vereinbarung des Ausstellers mit dem Berechtigten oder auf Grund reichsgesetzlichen Vorbehalts durch landesgesetzliche Bestimmungen als Legitimationspapier des § 808 B.GB. darstellen.[4])

Bezüglich der Kraftloserklärung sind zu unterscheiden:

I. Die auf Namen umgeschriebenen Schuldverschreibungen des Staates[5])[6]) und der Körperschaften, Stiftungen und Anstalten des öffentlichen Rechtes:

Auf Grund reichsgesetzlichen Vorbehalts (Art. 101 EG. B.GB.) hat die bayerische Landesgesetzgebung die Kraftloserklärung

---

[1]) Henle-Schneider, Art. 7 ÜG. Anm. 1 S. 397; Mattes S. 44 ff., 47 bezügl. Württemberg.

[2]) Diese Umschreibung des § 806 B.GB. darf nicht verwechselt werden mit der Außerkurssetzung, die hauptsächlich durch einseitigen Vermerk des Inhabers erfolgt. Die Außerkurssetzung ist bezügl. der Inhaberschuldverschreibungen und Inhaberaktien seit dem 1. Januar 1900 mit rückwirkender Kraft verboten. (Art. 176 EG. B.GB.; Art. 26 EG. HGB.)

Die in Bayern häufig vorgekommenen Vinkulierungen von Inhaberschuldverschreibungen können, soweit sie durch den Aussteller oder die maßgebende Behörde der Schuldenverwaltung erfolgt sind, als eine Umschreibung auf Namen im Sinne des § 806 B.GB. betrachtet werden.

Über die rechtliche Bedeutung anderer Arten der Vinkulierung und über den Unterschied zwischen Außerkurssetzung, Vinkulierung und Umschreibung auf den Namen eines bestimmten Berechtigten siehe Staudinger, B.GB. Bd. II § 806 Anm. I S. 679, Bd. VI Art. 176 Anm. 2.

[3]) Siehe Seite 7.

[4]) Henle-Schneider, Art. 49 AG. B.GB., Vorbem. 2, S. 85.

[5]) Bezügl. der Umschreibung von bayer. Staatspapieren vergl. die Bestimmungen der kgl. bayer. Staatsschuldentilgungskommission v. 23. Nov. 1899 JMBl. 1899 S. 456.

[6]) In Bayern werden Schuldkataster geführt für Staatsschuldverschreibungen:

a) Der allgemeinen Staatsschuld durch die kgl. Staatsschuldentilgungshauptkasse;
b) der Eisenbahnschuld durch die kgl. Eisenbahndotationshauptkasse;
c) der Grundrentenablösungsschuld durch die kgl. Grundrentenablösungskasse;
d) der Landeskulturrentenschuld durch die Grundrentenablösungskasse als Landeskulturrentenkasse.

der auf den Namen des Gläubigers umgeschriebenen Urkunden des bayerischen Staates (Art. 49 ff. AG. B.GB.), oder der dem bayerischen Staate angehörenden Körperschaften, Stiftungen oder Anstalten des öffentlichen Rechtes (Art. 57 AG. B.GB.) zugelassen und zwar, wenn die Umschreibung auf den Namen erfolgt ist:

a) nach dem Inkrafttreten des B.GB. (Art. 54 AG. B.GB.)

b) vor dem Inkrafttreten des B.GB. (Art. 55 AG. B.GB.)

Bezüglich der Zins- oder Erneuerungsscheine der hier in Frage stehenden Urkunden sind die in Abschnitt 1 B Ziff. II und III erörterten Grundsätze der §§ 799, 803 u. 805 B.GB. ausdrücklich für anwendbar erklärt (Art. 54 Abs. 1 AG. B.GB. Art. 55 S. 1 AG. B.GB.). An den Rechten aus einem vor dem Inkrafttreten des B.GB. ausgestellten Erneuerungsscheine ist nichts geändert. (Art. 55 S. 2 AG. B.GB.)

II. Die auf Namen umgeschriebenen Schuldverschreibungen von Privaten[1]):

Die Kraftloserklärung dieser Urkunden ist weder im bürgerlichen Gesetzbuche vorgesehen noch den Landesbehörden vorbehalten.[2])

Die Ausführungen in Abschnitt 3 Ziff. I und II bezügl. der Namenpapiere dürften aber auch für die hier behandelten Urkunden zutreffen.

Es muß also unterschieden werden:

1. Erfolgte die Umschreibung nach dem Inkrafttreten des B.GB., so können diese Urkunden nicht für kraftlos erklärt werden. (Art. 55 EG. B.GB.)
2. Erfolgte die Umschreibung vor dem Inkrafttreten des B.GB., so können diese Urkunden in Bayern nach der Verordnung vom 10. Oktober 1810 für kraftlos erklärt werden. (Art. 170 EG. B.GB.)[3])

Werden die Zins-, Renten- oder Gewinnanteilscheine sowie die Erneuerungsscheine bei der Umschreibung der Haupturkunde auf den Namen nicht auch umgeschrieben, so sind die oben Abschnitt 1 B II u. III aufgestellten Grundsätze zu beachten.

---

[1]) Hierzu gehören auch die unter staatl. Aufsicht stehenden Privatbanken, z. B. Hypothekenbanken.

[2]) Henle-Schneider, Art. 7 ÜG. Anm. 1 S. 397, Art. 57 AG. B.GB. S. 96.

[3]) Die Bemerkungen bei Henle-Schneider Art. 7 ÜG. Anm. 1 u. 3 S. 397/398 lassen die Deutung zu, als ob auch in diesem Falle die Kraftloserklärung ausgeschlossen wäre. Diesen Bemerkungen scheint jedoch der Fall einer Ausstellung der Urkunde vor dem 1. Januar 1900 mit Umschreibung nach dem 1. Januar 1900 vorgeschwebt zu haben. Für letzteren Fall wäre allerdings die Kraftloserklärung unzulässig.

5. Abschnitt.

Urkunden über Beteiligung an einem kapitalistischen Unternehmen.

I. Reichsbankanteilscheine.

Die Reichsbankanteilscheine werden auf Namen ausgestellt und mit Angabe der Eigentümer in die Stammbücher der Reichsbank eingetragen. Mit den Anteilscheinen werden auf Inhaber lautende Dividendenscheine und Talons ausgegeben. (§ 3 des Reichsbankstatuts.) [1])

Verlorene oder vernichtete Anteilscheine können im Aufgebotsverfahren für kraftlos erklärt werden. (§ 8 Abs. 1 des Reichsbankstatuts.)

Die Kraftloserklärung von Dividendenscheinen oder Talons im Aufgebotsverfahren ist nicht zulässig. (§ 9 des Reichsbankstatuts.)

II. Aktien und Aktieninterimsscheine.

Aktien sind die endgültig ausgestellten Urkunden über das die Gesamtheit aller Rechte und Pflichten eines Gesellschafters an einer Aktiengesellschaft umfassende Anteilsrecht; Aktieninterimsscheine sind die vorläufig, vor Aktienausgabe ausgestellten Anteilscheine.[2]) Aktien und Aktieninterimsscheine sind demnach keine Schuldverschreibungen, sondern Mitglied- oder Anteilscheine. Sie sind Wertpapiere. (Denkschrift z. HGB. S. 10.)[3])

Aktien können auf Namen oder auf den Inhaber (§ 179 Abs. 2 HGB.), Aktieninterimsscheine können nur auf Namen (§ 179 Abs. 3 HGB.) lauten.

Die Übertragung sowie die Führung des Nachweises der Berechtigung aus der Urkunde gegenüber der Aktiengesellschaft erfolgt bei den auf den Inhaber lautenden Aktien (Inhaberaktien) nach den entsprechenden Bestimmungen des B.GB. über die Inhaberschuldverschreibungen. (Denkschrift z. HGB. S. 137. Kom.B. z. HGB. S. 70.) — Die auf Namen lautenden Aktien (Namenaktien) und Interimsscheine können durch Indossament oder Cession[4]) übertragen werden; der Übergang ist unter Vorlegung

---

[1]) Reichsbankstatut vom 21. Mai 1875, RGBl. S. 203 in der Fassung der Kaiserl. Verordnung vom 3. Sept. 1900, RGBl. S. 793 ff.

[2]) Makower, HGB., Bd. I Anm. IVa, I u. IIa zu § 179 S. 354 ff.; Staub, HGB., Bd. I Anm. 8, 5 ff. zu § 179, Anm. 11 ff. zu § 178.

[3]) Zur rechtlichen Natur der Aktien und Interimsscheine: Makower, HGB., Anm. IVb u. V zu § 179 S. 358, Staub, HGB., Anm. 9 u. 10 zu § 179 S. 547; Cosack, BR. II § 254 S. 528. — Über den Begriff „Wertpapier" siehe oben S. 7.

[4]) Makower, HGB., Anm. IV zu § 222 S. 476; Staub, HGB., Anm. 5 zu § 222 S. 668.

der Aktie bzw. des Interimsscheins mit dem Nachweise des Übergangs bei der Aktiengesellschaft anzumelden und in deren Aktienbuche zu vermerken; die Gesellschaft ist zur Prüfung der Echtheit der Indossamente nicht verpflichtet; im Verhältnisse zur Aktiengesellschaft gilt nur derjenige als Aktionär, der als solcher im Aktienbuche verzeichnet ist. (§§ 222, 223, 224 HGB.)

Die *Kraftloserklärung* der Inhaberaktien, Namenaktien und Aktieninterimsscheine ist *an sich* zulässig und zwar wenn die Urkunde ausgestellt ist:

a) nach dem 1. Januar 1900 [1]) (§ 228 HGB.)
b) vor dem 1. Januar 1900 (Art. 25 EG. HGB.) [2])

Die Unzulässigkeit der Kraftloserklärung kann jedoch mit Rechtswirksamkeit in der Urkunde selbst bestimmt sein.

Gewinnanteil(=Dividenden)scheine auf den Inhaber und *Erneuerungsscheine (Talons)* können nicht für kraftlos erklärt werden. (§ 799 B.GB., § 230 HGB. Vgl. Abschn. 1B Ziff. II u. III.) Mit Kraftloserklärung der Aktie oder des Interimsscheins erlischt aber der Anspruch aus den noch nicht fälligen Gewinnanteilscheinen auf den Inhaber. (§ 228 Abs. 2 HGB.)

III. Anteilscheine über Beteiligung an einer Gesellschaft mit beschränkter Haftung oder an einer eingetragenen Erwerbs- und Wirtschaftsgenossenschaft.[3])

1. Anteilscheine über Beteiligung an einer Gesellschaft mit beschränkter Haftung.

Die Mitgliedschaft an einer Gesellschaft mit beschränkter Haftung ist im Gesetz [4]) als *Geschäftsanteil* bezeichnet.

Der Übergang der Geschäftsanteile unter Lebenden ist nur auf Grund eines in gerichtlich oder notarieller Form beurkundeten Vertrags des Veräußerers mit dem Erwerber, nach Umständen nur mit Genehmigung der Gesellschaft, zulässig. Im Falle der

---

[1]) Mit dem 1. Januar 1900 sind die einschlägigen Bestimmungen des HGB. vom 10. Mai 1897 in Kraft getreten. (Art. 1 EG. HGB.)

[2]) Art. 25 EG. HGB. spricht allerdings nur von Aktien im Gegensatz zu Art. 24 EG. HGB., der seine Bestimmungen ausdrücklich auch auf Interimsscheine ausdehnt. Auch behandelt Art. 25 nur den Fall des Abhandenkommens oder der Vernichtung einer Aktie vor dem Inkrafttreten des HGB. Die Denkschrift zum Entwurfe des HGB., Bd. II S. 306, *Hahn* VI S. 442, hebt jedoch ausdrücklich hervor, daß der Entwurf überhaupt von dem Grundsatze der Anwendbarkeit seiner Vorschriften auf bestehende Aktiengesellschaften ausgeht, soweit nicht ein anderes bestimmt ist.

[3]) Als Anteilscheine werden auch *Schuldverschreibungen* solcher Gesellschaften bezeichnet; selbstverständlich gelten für diese Anteilscheine die allgemeinen Grundsätze über Schuldverschreibungen.

[4]) Gesetz betr. die Gesellschaften mit beschränkter Haftung vom 20. April 1892 in der Fassung vom 20. Mai 1898.

Veräußerung des Geschäftsanteils gilt der Gesellschaft gegenüber nur derjenige als Erwerber, dessen Erwerb unter Nachweis des Übergangs bei der Gesellschaft angemeldet ist (§§ 15 u. 16 Ges. GmbH.). Die Übertragung der Teile von Geschäftsanteilen an Nichtgesellschafter ist noch weiter erschwert, insbesondere stets von der Genehmigung der Gesellschaft abhängig (§ 17 Ges. GmbH.).

Nicht selten werden über solche Geschäftsanteile, namentlich über Teile von Geschäftsanteilen, Urkunden ausgestellt, sogenannte Anteilscheine.

Die Ausstellung solcher Anteilscheine ist im Gesetze nicht ausdrücklich vorgesehen, aber auch nicht untersagt, in der Begründung des Gesetzentwurfs sogar als eine für größere Gesellschaften nicht unzweckmäßige Maßregel bezeichnet.

Diese Anteilscheine sind keine Wertpapiere; sie sind nur Beweisurkunden, Quittungen über geleistete Einzahlungen, Urkunden, die nur im Verhältnisse zwischen Gesellschaft und Gesellschafter Bedeutung haben, für die Übertragung jedoch nicht erheblich sind.[1])

Die strengen Bestimmungen bezüglich Übertragung des Geschäftsanteils und der Teile des Geschäftsanteils lassen diese rechtliche Natur der Anteilscheine erkennen und verlangen richtigerweise die Ausstellung der Anteilscheine auf den Namen des Berechtigten.[2])

Ein Bedürfnis für Kraftloserklärung dieser Anteilscheine besteht sonach nicht; sie ist, jedenfalls nach dem B.GB., unzulässig.

2. Anteilscheine über Beteiligung an einer eingetragenen Erwerbs- und Wirtschaftsgenossenschaft.

Die Mitgliedschaft bei einer eingetragenen Erwerbs- und Wirtschaftsgenossenschaft entsteht auf Grund schriftlicher Beitrittserklärung durch Eintrag in die gerichtliche Genossenliste; auch die Übertragung des Geschäftsguthabens erlangt erst durch Eintrag in die gerichtliche Genossenliste Rechtswirksamkeit. (§ 15 Abs. 3, § 76 Abs. 3 Gen.G.)[3])

---

[1]) Staub, GmbH., Exkurs zu § 14; Parisius-Crüger, GmbH., 2. Aufl., Anm. 6 zu § 15 S. 109, Förtsch, GmbH., 2. Aufl., Anm. 6 zu § 15 S. 50.

[2]) Im Geschäftsverkehre zeigt sich immer mehr das Bestreben, den Anteilscheinen die Ausgestaltung aktienähnlicher Wertpapiere mit Mantel, Gewinnanteil- und Erneuerungsschein zu geben. Dadurch wird häufig die rechtliche Natur der Anteilscheine verkannt. Tatsächlich befinden sich solche Anteilscheine wie Wertpapiere im Umlauf und werden sogar börsenmäßig gehandelt. Hierin liegt eine große Gefahr für die Rechtssicherheit. Auf jedem Anteilscheine sollten wenigstens die wichtigsten Grundsätze über die Übertragung der Geschäftsanteile zum Ausdruck gebracht sein.

[3]) Reichsgesetz vom 1. Mai 1889 betreffend die Erwerbs- u. Wirtschaftsgenossenschaften in der Fassung der Bekanntmachung des Reichskanzlers vom 20. Mai 1898 nach Art. 13 EG. HGB. vom 10. Mai 1897.

Es kommt vor, daß über diese Mitgliedschaftsrechte Urkunden, Anteilscheine genannt, ausgestellt werden.

Aus den Bestimmungen über den Beitritt zur Genossenschaft und über die Geschäftsguthabensübertragung läßt sich erkennen, daß diese Anteilscheine keine Wertpapiere, sondern nur Beweisurkunden sind. Die Ausführungen über die Anteilscheine der Gesellschaften mit beschränkter Haftung greifen auch hier entsprechend Platz.

Ein Bedürfnis für Kraftloserklärung dieser Anteilscheine besteht nicht; sie ist, jedenfalls nach dem B.GB., unzulässig.

IV. Genußscheine.

Neben den über Mitgliedschafts- oder Genossenschaftsanteilsrechte ausgestellten Urkunden werden, namentlich bei Aktiengesellschaften, auch sogenannte Genußscheine ausgegeben, Urkunden, die in der Regel lediglich Ansprüche auf Gewinnanteil (Dividendenbezug) und auf Anteilnahme am Liquidationserlöse bei Auflösung der Gesellschaft gewähren.

Die rechtliche Natur der Genußscheine läßt sich aus ihrem Inhalte und aus dem Anlasse ihrer Ausstellung feststellen.[1]) Darnach werden hauptsächlich zwei Arten von Genußscheinen zu unterscheiden sein:

1. Genußscheine, die lediglich Gläubigerrechte[2]) gewähren: die Kraftloserklärbarkeit dieser Urkunden ist nach den bereits entwickelten allgemeinen Grundsätzen über die Kraftloserklärung von Schuldverschreibungen zu beurteilen. (Abschnitt 1—4.) Aus diesen allgemeinen Grundsätzen ergibt sich aber auch die Notwendigkeit einer scharfen Unterscheidung zwischen der Haupturkunde und dem Gewinnanteilschein d.i. Genußscheindividendencoupon. (Vgl. Abschnitt 1B Ziff. II.)
2. Genußscheine, die Zubehör eines Gesellschaftsrechts sind: Genußscheine dieser Art sind nicht selbständige Haupturkunden; sie sind nur Gewinnanteilscheine mit Erneuerungsscheinen.

   Die allgemeinen Grundsätze über die Kraftloserklärung der Gewinnanteilscheine sind demnach auf solche Genußscheine anzuwenden. (Vgl. Abschnitt 1B Ziff. II; Abschnitt 5 Ziff. II am Schlusse.)

---

[1]) RG. CS. Bd. 49 S. 10 ff.; OLG. Dresden in Holdheims Monatschrift f. HR. u. Bankwesen 1901 Bd. X S. 97 ff. u. 1902 Bd. XI S. 105 ff.; Staub, HGB., Exkurs zu § 179 HGB.

[2]) Diese Gläubigerrechte sind bedingt von dem Vorhandensein eines verteilungsfähigen Reingewinns aus der Jahresbilanz bzw. eines Liquidationserlöses.

V. Kuxscheine.

Über die Mitgliedschaft bei einer Bergwerkgewerkschaft werden auf Grund des Gewerkenbuchs von der Bergbehörde auf Namen lautende Kuxscheine ausgestellt. (Art. 93 BG.)[1])

Ein abhanden gekommener oder vernichteter Kuxschein kann, wenn nicht das Gegenteil bestimmt ist, im Wege des Aufgebotsverfahrens für kraftlos erklärt werden. (Art. 93 Abs. 5 BG. in der Fassung des Art. 157 Nr. VIII AG. B.GB.) Die vor dem 1. Januar 1900 ausgestellten Kuxscheine unterliegen als Namenpapiere der Kraftloserklärung.[2])

6. Abschnitt.

Wechsel und kaufmännische Orderpapiere des § 363 HGB.

I. Wechsel.

Der Wechselschuldner ist nur gegen Aushändigung des quittierten Wechsels zu zahlen verpflichtet. (Art. 39 WO.)

Diese Bestimmung begründet das Bedürfnis der Kraftloserklärung eines abhanden gekommenen oder vernichteten[3]) Wechsels. Das Gesetz hat diesem Bedürfnisse durch Zulassung der Kraftloserklärung Rechnung getragen.[4]) (Art. 73 WO.)

Die derzeit herrschende Rechtsprechung und Literatur neigt sich bei Auslegung des Gesetzes einer möglichst weiten Ausdehnung zu Gunsten der Kraftloserklärung der Wechsel zu. (Staub Art. 73 WO. § 1.) Für kraftloserklärbar hält man acceptierte und nicht

---

[1]) Berggesetz vom 20. März 1869 mit Änderungen durch Art. 157 AG. B.GB.

Die Kuxe des älteren Bergrechts gelten als unbewegliche Sachen (Henle-Schneider Art. 157 AG. B.GB. Anm. 10 S. 273). Die Kuxe des neueren Rechtes sind Mitgliedschaftsrechte. Vgl. Becher, Landescivilrecht Bd. I S. 1004 ff.

[2]) Als Namenpapiere galten die Kuxscheine vor dem B.GB. für kraftloserklärbar. (Henle-Schneider, Art. 157 AG. B.GB. Anm. 6 S. 272; Becher S. 1006.) Da nach dem B.GB. Namenpapiere nicht mehr für kraftlos erklärt werden können, wurde auf Grund des reichsgesetzlichen Vorbehalts in Art. 67 EG. B.GB. landesgesetzlich ausdrücklich die Zulässigkeit der Kraftloserklärung ausgesprochen.

[3]) Art 73 WO. spricht nur von abhanden gekommenen Wechseln; doch muß auch für vernichtete Wechsel die Zulässigkeit der Kraftloserklärung angenommen werden. (Siehe S. 28 Anm. 1.)

[4]) Nach Seuffert, § 1003 CPO. Anm. 2 ist das Aufgebot eines Rektawechsels unzulässig, da § 371 Satz 2 B.GB. Anwendung finden könne. Diese Einschränkung läßt sich m. E. mit Art. 73 WO. nicht vereinbaren.

acceptierte, protestierte und nicht protestierte, ausgeklagte,[1]) verjährte, präjudizierte Wechsel, sogar Wechselblankette.[2])

Vor Verfall kann jedoch die Kraftloserklärung nicht erfolgen. (§ 1014 CPO.)

II. Kaufmännische Orderpapiere des § 363 HGB.

1. Reichsgesetzliche Regelung für die nach dem 1. Januar 1900 ausgegebenen Papiere:

§ 363 des Handelsgesetzbuchs benennt eine Reihe von Papieren, die durch Indossamente übertragen werden können, wenn sie an Order lauten, sogenannte kaufmännische Orderpapiere. Dieses sind:

Anweisungen, die auf einen Kaufmann über die Leistung von Geld, Wertpapieren oder anderen vertretbaren Sachen ausgestellt sind, ohne daß darin die Leistung von einer Gegenleistung abhängig gemacht ist;[3]) Verpflichtungsscheine, die von einem Kaufmann über Gegenstände der bezeichneten Art ausgestellt sind, ohne daß darin die

---

[1]) Das Ausschlußurteil ist in Hinblick auf Art. 39 WO. bei der Vollstreckung vorzulegen.

[2]) Die Kraftloserklärung der Wechselblankette wurde vom ROHG. Bd. XXV S. 16 zugelassen und insbesondere von Merfeld, Gruchots Beiträge, Bd. 32 S. 278 verteidigt. Über die Literatur vgl. Staub Art. 73 WO. Anm. 1. Auch die neuere Praxis steht auf diesem Standpunkte und in jüngster Zeit hat das Landgericht München I wiederholt sich für die Zulassung der Kraftloserklärung von Wechselblanketten ausgesprochen: Beschw. Reg. 270/02 VII, 425/03 VII. M. E. sprechen gegen die Zulassung der Kraftloserklärung von Wechselblanketten, namentlich von Blankoacceptеn, erhebliche Bedenken: das Wechselblankett ist eine Urkunde, bestimmt durch Ausfüllung zum Wechsel zu werden. Das Ausschlußurteil stellt die Urkunde so her, wie sie zur Zeit des Verlustes bestanden hat, gibt insbesondere nicht das Recht der Ausfüllung. Aus dem nicht ausgefüllten Blankoaccepte können keine Rechte abgeleitet werden; vielmehr gründen sich die Rechte gegen den Blankoacceptanten vor Ausfüllung nur auf das der Ausstellung zu Grunde liegende Rechtsverhältnis. Damit hängt aber die Schwierigkeit einer Begründung der Antragsberechtigung nach § 1004 CPO. zusammen. Bedenken erregt auch die Möglichkeit einer verschiedenen Gestaltung der aufgebotenen, nicht ausgefüllten Urkunde und der im Umlauf befindlichen, rechtsgültig ausgefüllten Urkunde: die Wahrung der Interessen des gutgläubigen Besitzers der ausgefüllten Urkunde durch das Aufgebot wird damit wesentlich beeinträchtigt; insbesondere könnte bei einer Einsetzung des Zahlungstermins nach dem Verluste § 1014 CPO. nicht beachtet werden. Andererseits ist gerade durch § 1014 CPO. die praktische Bedeutung der Ablehnung nicht so weittragend, als es scheinen möchte. Die Fälle eines gutgläubigen Erwerbs eines Wechsels 6 Monate nach Verfall werden selten sein. Nach Verjährung des Wechselanspruchs gegen den Acceptanten, also 3 Jahre nach Verfall (Art. 77 WO.), wird die Ausübung der Rechte aus dem der Ausstellung zu Grunde liegenden Rechtsverhältnisse nicht versagt werden können.

[3]) Unvollständige Wechsel können die rechtliche Natur solcher Anweisungen haben. (Makower, § 363 HGB. Anm. II f. S. 997.)

Leistung von einer Gegenleistung abhängig gemacht ist;[1]) Konnossemente der Seeschiffer (§§ 642—661 HGB.), Ladescheine der Frachtführer (§ 444 ff. HGB.),[2]) Lagerscheine der staatlich zur Ausstellung solcher Urkunden ermächtigten Anstalten (§ 424 HGB.),[3]) Bodmereibriefe (§ 682 ff. HGB.), Transportversicherungspolicen (§ 784 ff. HGB).[4])

Diese Urkunden können für kraftlos erklärt werden (§ 365 Abs. 2 HGB.), jedoch nur als Orderpapiere, d. h. nur wenn sie als Orderpapiere ausgegeben sind. (Kom.B. Nov. CPO. S. 222 Hahn VIII S. 429.) Nicht unbedingt erforderlich für die Eigenschaft als Orderpapier ist jedoch der ausdrückliche Gebrauch des Wortes „an Order"; es genügt, wenn aus der Urkunde selbst in irgend einer Weise die Übertragbarkeit durch Indossament hervorgeht.[5]) Kaufmännische Rektaanweisungen können nicht für kraftlos erklärt werden. (Kom.B. Nov. CPO. S. 222, Hahn VIII S. 429; vgl. auch oben Abschnitt 3.)[6])

Die Frage der Kraftloserklärbarkeit von Checks ist aus dem Inhalte der Urkunde nach allgemeinen Grundsätzen zu be-

---

[1]) Beispiele solcher Verpflichtungsscheine: Schuldscheine, Anerkenntnisscheine, Besserungsscheine, Genußscheine (siehe Abschnitt 5 IV), eventuell unvollständige eigene Wechsel. (Makower, § 363 HGB. Anm. III a 3 S. 999.)

[2]) Frachtbriefe, die der Frachtführer vom Auftraggeber verlangen kann (§ 426 HGB.), können nicht für kraftlos erklärt werden.

[3]) Die staatliche Ermächtigung zur Ausstellung von Lagerscheinen erfolgt in Bayern durch das k. Staatsministerium des Innern mit dem der Justiz. (Zuständigkeitsverordnung § 27 JMBl. S. 104/1900.) Bezüglich der Niederlagescheine der Hauptzollämter als Urkunden nach § 808 B.GB. siehe oben Abschnitt 2 S. 14 A. 2.

[4]) Seuffert, § 1003 CPO. Anm. 2ζ.

[5]) Makower, § 363 HGB. Anm. II d 3 S. 996, III e S. 1000; Staub, § 363 HGB. Anm. 23 S. 1157.

[6]) Postanweisungen sind keine kaufmännischen Anweisungen. (§ 452 HGB.) Ihre rechtliche Natur ist bestritten. (Dr. H. Tinsch, die Postanweisungen, 1900.) Nach der Postordnung für das Deutsche Reich vom 20. März 1900 (G.- u. V.-Bl. S. 311 ff.) erfolgt die Auszahlung gegen Quittung auf der Anweisung. (§ 20 VII.) Postanweisungen werden an den Absender zurückgesandt, wenn sie nicht innerhalb 7 Tagen vom Eingang eingelöst werden. (§ 45 I 5.) „Wenn dem Empfänger eine Postanweisung abhanden gekommen ist, so hat derselbe der Postanstalt am Bestimmungsorte vom Verluste Mitteilung zu machen. Von dieser Postanstalt wird alsdann bei etwaiger Vorlage der Anweisung die Zahlung bis auf weiteres ausgesetzt. Es ist Sache des Empfängers, durch Vermittelung des Absenders bei der Aufgabepostanstalt die Übersendung eines vom Absender auszufertigenden Doppels der Postanweisung zu erwirken. Bei der Einlieferung des Doppels muß die bei der Aufgabe der abhanden gekommenen Postanweisung erteilte Einlieferungsbescheinigung vom Aufgeber vorgelegt werden." (§ 20 X.) Die für den innern Verkehr Bayerns geltende Postordnung für das Königreich Bayern vom 27. März 1900 (G.- u. V.-Bl. 227) trifft im wesentlichen die gleichen Bestimmungen (§ 42 I, VII, § 45 I 4.)

antworten.[1]) „Der Regel nach sind die Checks auf den Inhaber gestellt, oder sie lauten zwar auf eine bestimmte Person, aber mit dem Zusatze, daß der Bezogene auch an jeden Inhaber zahlen solle. In Ansehung derjenigen Checks, welche auf eine bestimmte Person oder den Inhaber lauten, wird § 808 B.GB. entsprechende Anwendung finden können. Checks, welche an Order lauten und durch Indossament übertragbar sein sollen, sind nicht häufig; ist der Bezogene ein Kaufmann, was wohl ausnahmslos der Fall sein wird, so ergibt sich die Indossierbarkeit aus § 365 HGB." (Denkschrift Entw. HGB. S. 205.)

2. Landesrechtliche Regelung für die nach dem 1. Januar 1900 ausgegebenen Papiere:

Landesgesetzliche Sonderbestimmungen sind auf diesem Rechtsgebiet im allgemeinen durch die Reichsgesetzgebung aufgehoben worden. (Denkschr. Entw. HGB. S. 205.) Insbesondere verlangte Art. 21 S. 2 EG. HGB. die Aufhebung des bis zum 1. Januar 1900 neben Art. 301 ff. A. d. HGB. in Geltung befindlichen bayerischen Gesetzes vom 29. Juni 1851 betr. die kaufmännischen Anweisungen.[2]) (Art. 175 Nr. X AG. B.GB.)

Unberührt durch die Reichsgesetzgebung blieben jedoch die landesrechtlichen Bestimmungen über Checks (Art. 17 EG. HGB.), über Lagerscheine[3]) und Lagerpfandscheine, bezüglich der ersteren jedoch nur, insoweit sie die §§ 363 Abs. 2, 364 365 u. 424 HGB. ergänzen. (Art. 16 EG. HGB.)

Landesgesetzliche Sonderbestimmungen sind in Bayern auf diesem Gebiete nicht getroffen.

3. Die Kraftloserklärung der vor dem 1. Januar 1900 ausgegebenen Papiere:

Gemäß Art. 170 EG. B.GB., dessen Grundsatz auch auf das Handelsrecht anzuwenden ist (Denkschr. Entw. HGB. S. 203, RG. CS. 42 S. 99, Makower Art. 22 EG. HGB. Bd. III S. 25), richtet sich die Zulässigkeit[4]) der Kraftloserklärung der vor dem 1. Januar 1900 ausgegebenen kaufmännischen Schuldverschreibungen nach den bisherigen Bestimmungen. Für diese Fälle sind demnach in Bayern

---

[1]) Über die rechtliche Natur der Checks: Makower, § 363 HGB. Anm. IIc S. 996; Cosack, HR. § 58 S. 279.

[2]) Das Gesetz vom 29. Juni 1851 war durch Art. 47 EG. HGB. vom 10. Nov. 1861 aufrecht erhalten worden.

[3]) Bezügl. der Kraftloserklärung der Lagerscheine — Warrants — siehe Dr. Otto Goldberg, Zittau 1901: Das deutsche Lagerhausgeschäft und Lagerhausrecht, S. 43.

[4]) Bezügl. der Wirkungen eines nach dem 1. Januar 1900 erlassenen Aufgebots gelten jedoch die Bestimmungen des neuen Rechtes, weil durch das Aufgebot ein neues Schuldverhältnis begründet wird. (Vgl. unten VII. Teil, 1. Abschn.

neben Art. 305 Abs. 2 des Allgemeinen deutschen Handelsgesetzbuchs die Bestimmungen des Gesetzes vom 29. Juni 1851 betr. die kaufmännischen Anweisungen oder des Amortisationsedikts vom 10. Oktober 1810 heranzuziehen.

7. Abschnitt.

Hypotheken-, Grundschuld-, Rentenschuld- und Ewiggeldbriefe.

I. Rechtsverhältnisse bis zur Anlegung des Grundbuchs.[1])

1. Die im Hypothekenbuche eingetragene oder vorgemerkte Forderung kann amortisiert werden. (§§ 82 u. 166 HG. i. d. Fassg. des Art. 123 Z. 3 u. 6 AG. CPO.)
2. Für die vollstreckbare Hypothekenurkunde und für den Ewiggeldbrief kann eine neue vollstreckbare Ausfertigung erteilt werden. (Art. 127, 133 u. 139 AG. CPO.)

Dies gilt auch für vollstreckbare Ausfertigungen, die nach dem Inkrafttreten des Ausführungsgesetzes zur Civilprozeßordnung von den vor diesem Zeitpunkt unter der Herrschaft des Notariatsgesetzes vom 10. Nov. 1861 errichteten Hypothekenurkunden erteilt wurden (Art. 137 AG. CPO.), ebenso für Hypothekenbriefe, die vor dem 1. Juli 1862 errichtet sind (Art. 138 AG. CPO.), ferner für die nach dem pfälzischen Recht errichteten vollstreckbaren Notariatsurkunden (Art. 221 AG. CPO.).

II. Rechtsverhältnisse nach Anlegung des Grundbuchs.

1. An Stelle der in I 1 erwähnten Amortisation der Forderung tritt das Verfahren zur Ausschließung des Gläubigers nach §§ 1170, 1171, 1192 u. 1199 B.GB. mit § 982 ff. CPO. (Art. 166 Nr. XVI Abs. 1, Art. 175 Nr. I, Art. 177 AG. B.GB.)[2])

   Mit Erlassung des Ausschlußurteils wird der erteilte Brief kraftlos. (§§ 1170 Abs. 2 S. 2, 1171 Abs. 2 S. 2, 1192, 1199 B.GB.)
2. Die Zulässigkeit der Erteilung weiterer vollstreckbarer Ausfertigungen von Hypotheken- und pfälzischen Notariatsurkunden (siehe oben I 2) bleibt in Ansehung der Hypotheken aufrecht, die zu der Zeit bestehen, zu der das Grundbuch als angelegt anzusehen ist. (Art. 166 Abs. 2 AG. B.GB., Art. VIII EG. Nov. CPO.)

---

[1]) Bezügl. Anlegung des Grundbuchs siehe Art. 186, 189 EG. B.GB., Art. 175 Nr. I, 177, 166 Nr. XVI AG. B.GB.; vgl. auch: K. d. A. 1898/1899 Bd. XX Beil. B S. 117 Henle-Schneider, Art. 166 AG. B GB. Anm. 24i, Anm. 27, S. 316.

[2]) Bezügl. des Verfahrens: Art. 69b AG. CPO. in der Fassung des Art. 166 Nr. XIV AG. B.GB. auf Grund Art. 166 Nr. XVI Abs. 2 AG. B.GB.

Gleiches gilt für die Ewiggeldbriefe der nach den bisherigen Vorschriften begründeten Ewiggelder. (Art. 139 AG. CPO., § 801 CPO.; K. d. A. 1898/1899 Bd. XX Beil. B S. 117.)

3. Die nach der Zeit, zu der das Grundbuch als angelegt gilt, ausgestellten Hypotheken-,[1] Grundschuld-[2] und Rentenschuldbriefe können im Wege des Aufgebotsverfahrens für kraftlos erklärt werden. (§§ 1162, 1192 Abs. 1, 1199 B.GB.)

Im Zwangsversteigerungsverfahren kann, wenn der Nachweis der Berechtigung von der Beibringung des Briefes über eine Hypothek, Grundschuld oder Rentenschuld abhängig ist, der Brief im Wege des Aufgebotsverfahrens auch dann für kraftlos erklärt werden, wenn das Recht bereits erloschen ist. (§ 136 ZVG.; § 12 EG. ZVG.)

---

[1]) Bl. f. RA. Bd. 68/1903 S. 154 ff., 183.

[2]) Auf Inhabergrundschuldbriefe finden die Bestimmungen über die Inhaberschuldverschreibungen entsprechende Anwendung. (§ 1195 S. 2 B.GB.)

III. Teil.

Das Abhandenkommen oder die Vernichtung der Urkunde als Voraussetzung der Kraftloserklärung.

Voraussetzung der Kraftloserklärung ist „das Abhandenkommen oder die Vernichtung“ der Urkunde. (§ 799 B.GB., §§ 228, 365 Abs. 2 HGB., § 1004 CPO.)

Auch für Wechsel muß dieses angenommen werden, obwohl Art. 73 der Wechselordnung nur die Kraftloserklärung abhanden gekommener Wechsel hervorhebt.[1]

Die Civilprozeßordnung spricht bei der Regelung des Aufgebotsverfahrens meistens vom „Verluste“ der Urkunde (z. B. §§ 1007 Z. 2, 1010, 1011, 1021, 1022 CPO.). Durch diesen Ausdruck ist aber keine Einschränkung der Voraussetzung der Kraftloserklärung, sondern nur der Gebrauch eines Wortes beabsichtigt, das jede Art des Abhandenkommens oder der Vernichtung umfaßt.[2]

Der Begriff „Abhandenkommen oder Vernichtung“ als Voraussetzung der Kraftloserklärung ist in Folgendem näher zu untersuchen.[3]

---

[1] Staub, WO., Art. 73 § 1; Daude § 38 S. 151; Mattes S. 32, 43: Aus § 1004 CPO. ist Art. 73 WO. zu ergänzen. § 837 CPO. ä. F. sprach ausdrücklich von der Kraftloserklärung vernichteter Wechsel; der an seine Stelle getretene § 1003 CPO. n. F. hat keine sachliche Änderung beabsichtigt: Begr. Nov. CPO. S. 201, Hahn VIII S. 180.

[2] Daude § 18 Anm. 1 S. 65; Gaupp-Stein, CPO. § 1003 III S. 842, § 1007 II Nr. 2 S. 846; Mattes S. 25.

[3] Über die Begriffe „Abhandenkommen“ und „Vernichtung“ vgl. ferner: Makower, HGB. § 367 IIb S. 1028; Staub, WO. Art. 73 § 1; Planck B.GB., Bd. III § 935 Z. 2 S. 189; Staudinger, B.GB. Bd. III § 935 Anm. I S. 190; Dernburg, BR. Bd. II/2 § 280 Nr. 2 S. 333, Bd. III § 103 S. 289.

1. Abschnitt.

Abhanden gekommene Urkunden.

I. Das Abhandenkommen.

1. Bei Feststellung des Begriffs „Abhandenkommen" kann zunächst von § 935 Abs. 1 B.GB. ausgegangen werden: In diesem Paragraphen wird von Sachen gesprochen, „die dem Eigentümer gestohlen worden, verloren gegangen oder sonst abhanden gekommen sind".

Das „Abhandenkommen" umfaßt also das „Gestohlenwerden" oder „Verlorensein".

Aus der Entstehungsgeschichte dieses § 935 B.GB. gewinnt man aber eine noch weitergehende Definition:[1]

Unter Abhandenkommen ist jeder ohne den Willen des Inhabers eintretende Verlust der Inhabung zu verstehen.

Hieraus ergibt sich im einzelnen:

a) Es kommen zunächst in Betracht alle Arten des Verlustes der Inhabung ohne oder gegen die Willensäußerung des Inhabers:

Die Urkunde geht verloren, sie wird gestohlen, geraubt.

b) Ferner sind die Fälle des Verlustes der Inhabung ohne rechtswirksame Willenserklärung hierunter zu zählen:

Die Rechtsunwirksamkeit der Willenserklärung kann ihren Grund haben:

aa) in der Geschäftsunfähigkeit des Inhabers (§§ 104, 105 B.GB.):

Ein nicht 7jähriges Kind (§ 104 Z. 1 B.GB), ein Geisteskranker oder wegen Geisteskrankheit Entmündigter (§ 104 Z. 2 u. 3 B.GB.), ein im Zustande der Bewußtlosigkeit befindlicher Betrunkener (§ 105 Abs. 2 B.GB.) verfügt über die Urkunde;

bb) in einem Mangel der Willenserklärung, die ihre Nichtigkeit begründet:

Die Verfügung erfolgt unter einem dem Vertragsgegner bekannten Vorbehalte (§ 116 B.GB.), oder vereinbarungsgemäß zum Scheine (§ 117 B.GB.), oder im erkennbaren Scherze (§ 118 B.GB.).

---

[1]) Motive B.GB. Bd. III S. 348. Der 1. Entwurf des § 935 = § 879 sprach von Sachen, „die gestohlen oder verloren oder in anderer Weise ohne den Willen des Eigentümers oder desjenigen, der sie für ihn innehatte, aus deren Inhabung gekommen sind".

c) Aber auch eine Verfügung über die Urkunde ohne Zustimmung des gesetzlichen Vertreters durch eine in der Geschäftsfähigkeit beschränkte Person darf wohl unter den Begriff des Abhandenkommens eingereiht werden: Ein Minderjähriger, der das 7. Lebensjahr vollendet hat (§§ 106 ff., 2, 3, 4, 5 B.GB.), eine wegen Geistesschwäche, Verschwendung oder Trunksucht entmündigte oder unter vorläufige Vormundschaft gestellte Person (§§ 114, 6, 1906 B.GB.) verfügt ohne Zustimmung des gesetzlichen Vertreters über die Urkunde.[1])

Bei Auslegung des Begriffs „Abhandenkommen" im Sinne des § 935 B.GB. bestehen allerdings über diesen Fall geteilte Anschauungen:

aa) Die Begründung zum Entwurfe des Bürgerlichen Gesetzbuchs (Motive Bd. III S. 348/349) schließt im Falle der Geschäftsfähigkeitsbeschränkung den Begriff „Abhandenkommen" aus, „da hier der wirkliche Verlust der Inhabung wegen der obwaltenden rechtsgeschäftlichen Mängel nicht als Verlust ohne Willen erscheint und eine Ausdehnung der Ausnahmenorm über das ihr zu Grunde liegende Prinzip hinaus zu weit führen würde."[2])

bb) Planck, Bürgerliches Gesetzbuch, Bd. III Anm. 2 zu § 935 S. 189, tritt dem entgegen:

Das Aufgeben des Besitzes sei zwar kein Rechtsgeschäft, aber doch eine Rechtshandlung, auf die die Vorschriften über Rechtsgeschäfte und damit § 111 B.GB. entsprechend anzuwenden seien.

Welcher dieser beiden Anschauungen in Auslegung des § 935 B.GB. beizutreten sei, mag dahingestellt bleiben. Bei Auslegung des Begriffs „Abhandenkommen" als Voraussetzung für die Kraftloserklärung wird man sich m. E. jedenfalls schon aus praktischen Erwägungen der weitergehenden Anschauung anschließen, zumal ja die Frage der Kraftloserklärung nur dann herantritt, wenn es sich um die Verfügung an einen unbekannten oder nicht mehr auffindbaren Dritten handelt. (Vgl. unten II S. 32.)

d) Ebenso wird man in einer Verfügung über die Urkunde durch eine anfechtbare Willenserklärung (§§ 119 ff., 123 ff., 142 ff. B.GB.) die Voraussetzung des „Abhandenkommens" erblicken dürfen:

---

[1]) Vgl. aber § 112 u. 113 B.GB. bezügl. der teilweise unbeschränkten Geschäftsfähigkeit solcher Personen, Art. 7 u. 8 EG. B.GB. bezügl. der Geschäftsfähigkeit der Ausländer.

[2]) Staudinger, B.GB. Bd. III § 935 Anm. I 2b S. 191.

Der Verfügende befindet sich im Irrtum (§ 119 B.GB.), oder er wurde durch arglistige Täuschung oder Drohung zur Willenserklärung bestimmt. (§ 123 B.GB.)

Zunächst ist festzuhalten, daß hier nur der Fall einer rechtswirksamen, anfechtbaren Willenserklärung in Frage steht. Der Fall, in dem ein Irrtum oder eine die freie Willensbestimmung ausschließende Drohung dazu führt, daß eine rechtswirksame Willenserklärung nicht als abgegeben gilt, scheidet hier aus.

Inwieweit bei bloßer Anfechtbarkeit der Willenserklärung ein „Abhandenkommen" angenommen werden kann, darüber sind zwar bei Auslegung des § 935 Abs. 1 B.GB. widersprechende Anschauungen vertreten:

aa) Die Begründung zum Entwurfe des Bürgerlichen Gesetzbuchs schließt in diesem Falle die Anwendung des Begriffs „Abhandenkommen" aus. (Motive B.GB. III S. 348/349.)[1])

bb) Planck, Bürgerliches Gesetzbuch, Bd. III S. 189 hält dagegen die Anwendbarkeit des Begriffs „Abhandenkommen" für gegeben, da nach erfolgter Anfechtung gemäß § 142 B.GB. die Willensäußerung über die Besitzaufgabe als nichtig anzusehen ist.

cc) Dernburg, Bürgerliches Recht, Bd. III § 103 S. 289 schließt bei Anfechtbarkeit der Willenserklärung wegen Irrtums ein „Abhandenkommen" aus, hält jedoch dieses für gegeben bei Anfechtbarkeit der Willenserklärung wegen widerrechtlichen Zwanges, „da billigerweise Zwang und Erpressung dem Diebstahl gleich steht."

Bei Prüfung der Voraussetzungen für die Kraftloserklärung darf man sich wohl, wie oben geschehen, der weitergehenden Auslegung des Begriffs „Abhandenkommen" anschließen. Es kommt ja das Aufgebotsverfahren überhaupt nur dann in Betracht, wenn der Anfechtungsgegner nicht bekannt und deshalb die Anfechtungserklärung unmöglich ist. (§§ 119, 121, 143 ferner §§ 123, 124 B.GB.) Vgl. unten II S. 32.

e) Entscheidend für die Frage des Verlustes der Inhabung ohne Willen ist ausschließlich der Wille des unmittelbaren Besitzers (§ 868 B.GB.).[2])

---

[1]) Staudinger, B.GB. Bd. III § 935 Anm. I 2b S. 191.

[2]) Gaupp § 1003 CPO. III S. 842; Planck Bd. III § 935 S. 189; Staudinger Bd. III § 935 Anm. I 2b S. 191; Cosack BR. Bd. II § 191 S. 89; Motive B.GB. III S. 102 ff; Bl. f. RA. Bd. 66/1901 S. 373 ff.

Bei Beurteilung der Frage, ob in der Hand des Nießbrauchers, Pfandgläubigers, Pächters, Mieters, Verwahrers oder eines auf Grund ähnlicher Verhältnisse zum Besitze Berechtigten bzw. Verpflichteten die Urkunde abhanden gekommen ist, muß auf den Willen dieses unmittelbaren Besitzers zurückgegriffen werden.

Der Wille des Besitzdieners, der nur im Haushalte oder Erwerbsgeschäfte des Besitzherrn oder in einem ähnlichen Verhältnisse für den Besitzherrn den Besitz ausübt (§ 855 B.GB.) ist für den Verlust der Inhabung in der Person des Besitzherrn nicht ausschlaggebend.[1])

2. Als Voraussetzung für die Kraftloserklärung wird man den Begriff „Abhandenkommen" aber auch ausdehnen dürfen auf einen Fall der Entäußerung der Urkunde mit Willen.

Es ist hier an den Fall gedacht, daß der Besitzer durch eine einseitige, einem Dritten gegenüber nicht zum Ausdruck gebrachte Rechtshandlung sich der Urkunde entäußert, den Entäußerungswillen aber nachträglich wieder aufgegeben hat:

Der Inhaber will sich durch Wegwerfen der Urkunde entäußern — in Unkenntnis ihres Wertes — im Zorn — in der Erregung.

II. Das Abhandensein.

Das Aufgebotsverfahren ist gegen einen unbekannten, unbestimmten Gegner gerichtet.[3])

Nur abhanden gekommene Urkunden, d. h. nur Urkunden, die abhanden sind, können für kraftlos erklärt werden.

Ist bekannt, wo und bei wem die abhanden gekommene Urkunde sich befindet, dann ist das Aufgebotsverfahren zum Zwecke der Kraftloserklärung ausgeschlossen. Hier mag mit Besitz-, Eigentums-, Schadensersatz- oder Feststellungsklage vorgegangen werden.

Findet sich die Urkunde während des Aufgebotsverfahrens oder wird ihr Inhaber festgestellt, so muß der Antrag bei Meidung der Abweisung zurückgenommen werden.

---

[1]) Siehe S. 31 Note 1.

[2]) Ein von Dernburg, BR. Bd. III § 103 S. 289 gebrachtes Beispiel des Wegwerfens einer Urkunde bei einer Feuersbrunst dürfte insofern nicht hierher passen, als es in diesem Falle am Entäußerungswillen fehlen wird; dagegen ist denkbar, daß jemand dem pfändenden Gläubiger zum Trotz sich der Urkunde durch Wegwerfen entäußert.

[3]) Begr. Entw. CPO. S. 458 u. 183 Hahn II/1 S. 479, 256.

2. Abschnitt.

Vernichtete Urkunden.

I. Eine **Vernichtung** der Urkunde ist anzunehmen, wenn die Urkunde infolge äußerer Einwirkung in ihrer Substanz zerstört oder ihr Inhalt in wesentlichen Teilen unkenntlich geworden ist:[1])

Die Urkunde verbrennt, sie wird von Tieren zernagt, ihr wesentlicher Inhalt wird durch chemische Einwirkung, durch Tintenflecke unkenntlich.

II. **Jede Art der Vernichtung** gilt als Voraussetzung der Kraftloserklärung:

Es ist gleichgültig, ob die Vernichtung erfolgt durch Elementareinwirkung oder Menschenhand, unabsichtlich oder absichtlich, fahrlässig oder vorsätzlich, durch den Berechtigten oder durch den Nichtberechtigten.

Nur eine Einschränkung ist zu machen, nämlich für den Fall, daß durch die Vernichtung über das Recht aus der Urkunde verfügt werden wollte **und** dadurch kraft Gesetzes dieses Recht verloren ging:[2])

Vernichtet der Berechtigte die Urkunde in der Absicht, dadurch auf das Recht aus ihr zu verzichten, so ist die Kraftloserklärung nur dann zulässig, wenn er vor Annahme des Verzichts durch den Schuldner den Willen des Verzichts wieder aufgegeben hat.

III. Ist die Urkunde durch Beschädigung oder Verunstaltung **nicht vollständig vernichtet oder zerstört**, sondern lediglich zum Umlaufe nicht mehr geeignet, so ist die Kraftloserklärung ausgeschlossen.

Unter der Voraussetzung, daß der wesentliche Inhalt und die Unterscheidungsmerkmale der Urkunde noch mit Sicherheit zu erkennen sind, ist in diesem Falle bei einer Reihe von Urkunden der Inhaber berechtigt, auf seine Kosten vom Aussteller die Ausstellung einer neuen Urkunde, der s.g. **Ersatzurkunde**,

---

[1]) **Gaupp**, § 1003 CPO. III S. 842; **Seuffert**, § 1003 CPO. Anm. 3; **Staub**, WO. Art. 73 § 1; **Dernburg**, BR., Bd. II/2 § 280 S. 333 Anm. 2; **Mattes** S. 2.

[2]) Die Wirkung der Vernichtung einer Urkunde mit dem Willen, über die Urkunde dadurch zu verfügen, ist bestritten: **Petersen-Anger**, § 1003 CPO. Anm. 1 u. **Mattes** S. 22 verneinen, **Gaupp-Stein**, § 1003 CPO. III S. 842 bejaht in diesem Falle die Zulässigkeit der Kraftloserklärung; letzterer geht davon aus, daß der Verzicht auf die Urkunde, auch wo er nicht Vertrag nach § 397 B.GB. sein muß, eine empfangsbedürftige Willenserklärung voraussetzt. Obige Fassung dürfte zu einer Vereinigung beider Rechtsanschauungen führen können.

gegen Aushändigung der beschädigten oder verunstalteten zu verlangen.

(§ 798 B.GB. mit Art. 174 EGO. B.GB.; § 229 HGB.; Art. 54 Abs. 1 AG. B.GB. § 67 GBO.[1]))

Bei Vernichtung besteht im allgemeinen eine Pflicht zur Ausstellung einer Ersatzurkunde nicht. Nur für Reichsschuldverschreibungen und Reichsschatzanweisungen ist im Falle des Nachweises der Vernichtung das Recht auf eine Ersatzurkunde zugestanden. (§ 16 der Reichsschuldenordnung vom 19. März 1900.)

---

[1]) Motive zur GBO. S. 106 Hahn Bd. V S. 171.

IV. Teil.

Die Beschränkung der Zulässigkeit der Kraftloserklärung zum Schutze der Rechte Dritter.

1. Abschnitt.

Schutzvorschriften der Civilprozeßordnung.

Die Zulassung des Aufgebotsverfahrens zum Zwecke der Kraftloserklärung liegt im Interesse des Verlustträgers. Allein das Aufgebotsverfahren kann, namentlich bei Inhaberpapieren, zum Nachteile eines berechtigten Gläubigers, eines gutgläubigen Inhabers, ausschlagen.

Die öffentliche Bekanntmachung des Aufgebots bietet keine Gewähr dafür, daß der Inhaber vom Aufgebote Kenntnis erhält, und es ist so möglich, daß der gutgläubige Inhaber seine Rechte verliert, ohne die Möglichkeit zu haben, sie zu verteidigen.

Zur möglichsten Beschränkung der Nachteile, die dem gutgläubigen Inhaber durch das Aufgebot erwachsen können, wurden in den §§ 1010—1015 CPO. Vorschriften getroffen, die den Zweck erreichen wollen, daß der Besitzer des Papiers sein Recht nur dann verliert, wenn er die Erhebung fälliger Leistungen längere Zeit unterlassen hat.

Nur für diesen Fall wurde es vom Gesetzgeber als billig erachtet, eher die Interessen des Verlierers als die Interessen des saumseligen Inhabers zu schützen. (Begr. z. bayer. Gesetze v. 18. März 1896, K. d. A. 1895/1896 Bd. VII Beil. 426 S. 683/684.)

Diese Schutzvorschriften der Civilprozeßordnung betreffen:

I. Wertpapiere, für welche Zins-, Renten- oder Gewinnanteilscheine ausgegeben sind. (§ 1010—1013 und 1015 CPO.)

Wertpapiere[1]) aller Art, für die Zins-, Renten- oder Gewinnanteilscheine ausgegeben sind, werden von diesen Bestim-

[1]) Über den Begriff: „Wertpapiere" siehe oben S. 7.

mungen betroffen, also Inhaberschuldverschreibungen, Inhaber- und Namenaktien; für die Anwendbarkeit dieser Bestimmungen ist es gleichgültig, ob die Urkunden nach oder vor dem Inkrafttreten des Bürgerlichen Gesetzbuchs ausgegeben sind; Vorbehalte zu Gunsten der Landesgesetzgebung bestehen nur in beschränktem Maße. (Siehe Abschnitt 2.)

Die Beschränkungen gehen nach zwei Richtungen:

1. Der Aufgebotstermin darf erst nach einem bestimmten Zeitpunkte stattfinden. (§§ 1010 — 1013 CPO.)

   Von diesem Zeitpunkt ist aber auch die Stellung des Antrags auf Einleitung des Aufgebotsverfahrens abhängig, da das Aufgebot nicht zulässig ist, wenn der Termin über ein Jahr hinaus bestimmt werden müßte. (§ 1015 CPO.)[1]

2. Das Ausschlußurteil darf erst nach Beibringung bestimmter Nachweise über Richterhebung fälliger Leistungen erlassen werden. (§§ 1010 Abs. 2, 1011 Abs. 2 CPO.)

Die einzelnen Bestimmungen bedürfen einer näheren Betrachtung:

1. § 1010 CPO.[2])

„Bei Wertpapieren, für welche von Zeit zu Zeit Zins-, Renten- oder Gewinnanteilscheine ausgegeben werden, ist der Aufgebotstermin so zu bestimmen, dass bis zu demselben der erste einer seit der Zeit des glaubhaft gemachten Verlustes ausgegebenen Reihe von Zins-, Renten- oder Gewinnanteilscheinen fällig geworden ist und seit der Fälligkeit desselben sechs Monate abgelaufen sind.

Vor Erlassung des Ausschlussurteils hat der Antragsteller ein nach Ablauf dieser sechsmonatigen Frist ausgestelltes Zeugnis der betreffenden Behörde, Kasse oder Anstalt beizubringen, dass die Urkunde seit der Zeit des glaubhaft gemachten Verlustes ihr zur Ausgabe neuer Scheine nicht vorgelegt sei und dass die neuen Scheine an einen anderen als den Antragsteller nicht ausgegeben seien."

Im Interesse des unbekannten Inhabers der Urkunde ist die Aufgebotsfrist so zu bestimmen, daß in diese der Tag fällt, an dem die Urkunde zur Ausgabe neuer Zins- oder Gewinnanteilscheine (zur Abhebung eines neuen Zinsscheinbogens, einer neuen Couponserie) vorzulegen war. Daß die Urkunde nicht vorgelegt ist, muß vor dem Ausschlußurteile nachgewiesen werden. Nur so läßt sich mit Wahrscheinlichkeit feststellen, daß das Papier wirklich vernichtet bezw. untergegangen ist. (Begr. CPO. S. 468. Hahn II/1 S. 487 zu §§ 788, 789.)

---

[1]) Hierüber siehe VI. Teil 6. Abschnitt Ib.
[2]) Beispiel: Tabelle II Ziff. I.

2. § 1011 CPO.[1])

„Bei Wertpapieren, für welche Zins-, Renten- oder Gewinnanteilscheine zuletzt für einen längeren Zeitraum als vier Jahre ausgegeben sind, genügt es, wenn der Aufgebotstermin so bestimmt wird, dass bis zu demselben seit der Zeit des glaubhaft gemachten Verlustes von den zuletzt ausgegebenen Scheinen solche für vier Jahre fällig geworden und seit der Fälligkeit des letzten derselben sechs Monate abgelaufen sind. Scheine für Zeitabschnitte, für welche keine Zinsen-, Renten- oder Gewinnanteilscheine gezahlt werden, kommen nicht in Betracht.

Vor Erlassung des Ausschlussurteils hat der Antragsteller ein nach Ablauf dieser sechsmonatigen Frist ausgestelltes Zeugnis der betreffenden Behörde, Kasse oder Anstalt beizubringen, dass die für die bezeichneten vier Jahre und später etwa fällig gewordenen Scheine ihr von einem anderen als dem Antragsteller nicht vorgelegt seien. Hat in der Zeit seit dem Erlasse des Aufgebots eine Ausgabe neuer Scheine stattgefunden, so muss das Zeugniss auch die im § 1010 Abs. 2 bezeichneten Angaben enthalten."

Es gibt Papiere, bei denen die Zins-, Renten- oder Gewinnanteilscheine auf 10, 30, ja 90 Jahre ausgegeben werden. Nach § 1010 CPO. könnte es bei solchen Papieren vorkommen, daß der Aufgebotstermin auf einen erst nach Generationen eintretenden Zeitpunkt bestimmt werden müßte. Durch § 1011 CPO. wollte die Möglichkeit einer früheren Verwertung eröffnet werden. (Prot. Kom. CPO., 1. Lesg. S. 441 Hahn II/2 S. 883.)[2])

Zur richtigen Auslegung dieser Bestimmung ist im einzelnen zu beachten:

a) § 1011 CPO. hat im Verhältnisse zu § 1010 CPO. als **Ausnahmebestimmung** zu gelten und darf deshalb nur zur Anwendung kommen, wenn die Voraussetzungen des § 1010 CPO. nicht vorliegen.

Wird nach dem Verluste der Urkunde **vor** Erlaß des Aufgebots ein neuer Zins-, Renten- oder Gewinnanteilscheinbogen ausgegeben, so kommt § 1010 CPO. zur Anwendung, auch wenn die übrigen Voraussetzungen des § 1011 CPO. gegeben wären. (Prot. Kom. CPO., 1. Lesg. S. 441 Hahn II/2 S. 883.)

---

[1]) Dieser Paragraph wurde erst in der Kommission für die 1. Lesung der CPO. eingeschaltet und nur nach langen Beratungen und wiederholten Fassungsänderungen endgiltig festgestellt. (§ 789 erster, 789a zweiter Lesung; Prot. Kom. CPO. 1. Lesg. S. 439 ff. Hahn II/2 S. 881, 2. Lesg. S. 589 ff. Hahn II/2 S. 1041 ff.)

[2]) Ein Beispiel für den Normalfall des § 1011 CPO. siehe: Tabelle II Z. II 1.

Eine nach Erlaß des Aufgebots erfolgte Ausgabe neuer Scheine bedingt die Ausdehnung des Zeugnisses auf die Angaben des § 1010 Abs. 2 CPO. (§ 1011 Abs. 2 Satz 2 CPO.)[1])

b) Bei der Fristberechnung können nur solche Scheine mitgezählt werden, die nicht nur fällig, sondern auch zahlbar sind. (§ 1011 Abs. 1 Satz 2 CPO.)[2])

Dabei ist aber nicht zu übersehen, daß bei den Schuldverschreibungen auf den Inhaber, oder bei den auf den Namen umgeschriebenen Staats- und bei den diesen gleichgestellten Papieren die ausgegebenen Zinsscheine trotz Erlöschens der Hauptforderung oder Beendigung der Zinspflicht zahlbar sind, wenn nicht in diesen Scheinen eine gegenteilige Bestimmung enthalten ist. (§ 803 B.GB., Art. 8 ÜG., Art. 54, 55, 57 AG. B.GB.)

c) Das Zeugnis des § 1011 Abs. 2 CPO. muß sich mindestens auf die Zinsscheine der letzten 4 Jahre erstrecken.[3]) Der Wortlaut des Gesetzes ließe sogar die strengere Deutung zu, daß das Zeugnis alle seit dem Verluste fällig gewordenen Scheine umfassen müsse. Wenn z. B. der Aufgebotstermin erst 10 Jahre nach dem Verluste stattfände, müßte das Zeugnis sich auf alle Scheine dieser 10 Jahre beziehen.

Die Entstehungsgeschichte des § 1011 CPO. läßt aber erkennen, daß nur eine Zwischenzeit zwischen dem Verlust und dem Aufgebotstermine durch Angabe einer Zahl fälliger Coupons bestimmt werden wollte. (Prot. Kom. CPO., 1. Lesg. S. 441 ff. Hahn II/2 S. 883; vergl. auch die ursprüngliche Fassung des § 789 im 1. Entwurf.)

Die oben aufgestellte weniger strenge Auslegung läßt sich mit dem Wortlaute des Gesetzes wohl vereinbaren und dürfte den praktischen Bedürfnissen Rechnung tragen: Kommt es doch häufig vor, daß der Zeitpunkt des Verlustes sich nur nach dem Zeitpunkte seiner Entdeckung feststellen läßt, ferner daß der bisherige Inhaber der Haupturkunde in Unkenntnis ihres Verlustes die getrennt aufbewahrten Zinsscheine zur Einlösung bringt, ohne sich den Beweis der Einlösung durch ihn zu sichern.

3. § 1012 CPO.[4])

„Die Vorschriften der §§ 1010, 1011 finden insoweit keine Anwendung, als die Zins-, Renten- oder Gewinnanteilscheine, deren Fälligkeit nach diesen Vorschriften eingetreten

[1]) Beispiel: Tabelle II Z. II 2.
[2]) Beispiel: Tabelle II Z. II 3.
[3]) Beispiel: Tabelle II Z. II 4.
[4]) § 1012 CPO. = 845a des Entwurfs wurde erst durch die Novelle zur Civilprozeßordnung vom 17. Mai 1898 eingeschaltet.

sein muss, von dem Antragsteller vorgelegt werden. Der Vorlegung der Scheine steht es gleich, wenn das Zeugnis der betreffenden Behörde, Kasse oder Anstalt beigebracht wird, dass die fällig gewordenen Scheine ihr von dem Antragsteller vorgelegt worden seien."

Diese Bestimmung soll die Kraftloserklärung eines Wertpapiers für den nicht seltenen Fall erleichtern, daß nur die Haupturkunde, nicht auch die Zins-, Renten- oder Gewinnanteilscheine zu Verlust gegangen sind. Die Rücksicht auf den gutgläubigen Besitzer des Papiers macht es hier nicht notwendig, den Aufgebotstermin nach Maßgabe der §§ 1010—1011 bezw. 1013 CPO. hinauszuschieben. Andererseits hat der bisherige Inhaber des abhanden gekommenen Papiers ein dringendes Interesse daran, daß die Kraftloserklärung so rasch als möglich erfolgt. (Begr. Nov. CPO. S. 202 Hahn VIII S. 181.)

Zum richtigen Verständnisse dieses Paragraphen ist festzuhalten:

a) § 1012 CPO. bietet eine Erleichterung nur insoweit, als die Fälligkeit derjenigen Scheine, die der Antragsteller vorlegen kann, nicht eingetreten sein muß, ferner insoweit, als das Zeugnis des Ausstellers sich nicht auf die vorgelegten Scheine zu erstrecken hat. Im übrigen aber bleiben die Bestimmungen der §§ 1010 und 1011 bezw. 1013 CPO. anwendbar.

b) Nur die Vorlage der Zins-, Renten- oder Gewinnanteilscheine gewährt diese Erleichterung. An die Vorlage des Erneuerungsscheins (des Talons) ist diese Erleichterung nicht geknüpft.

Der Grund dieser Einschränkung ist darin zu suchen, daß nach § 805 B.GB. und § 230 HGB. der Besitz des Erneuerungsscheins gegen den Widerspruch des Inhabers der Haupturkunde nicht zum Empfang des neuen Zins-, Renten- oder Gewinnanteilscheinbogens berechtigt.

Aus diesen Grundsätzen ergibt sich:

α) Auch § 1012 CPO. verlangt in jedem einzelnen Falle die Fristberechnung zur Ansetzung des Aufgebotstermins nach § 1010 oder 1011 CPO.

Die Erleichterung besteht nur darin, daß jeder vorgelegte Schein wie ein fälliger Schein behandelt werden darf.

Ist z. B. nach dem Verlust ein neuer Zinsscheinbogen ausgegeben, so kommt nur der erste Schein des neuen Bogens in Betracht; kann dieser Schein nicht vorgelegt werden, so müssen die übrigen Voraussetzungen des § 1010 CPO. beobachtet werden, selbst wenn alle anderen Scheine des neuen Bogens samt Erneuerungsschein vorliegen würden; oder enthält zur Zeit des Verlustes des Pfandbriefmantels der Zinsscheinbogen nicht mehr Zinsscheine für 4 Jahre, so muß bis zur Ausgabe des neuen Bogens gewartet werden, selbst wenn der Erneuerungsschein vorliegen würde.[1])

β) Eine Verbindung der Bestimmungen des § 1012 CPO. mit denen des § 1011 CPO. insofern, als teilweise fällige, teilweise vorgelegte Scheine der Berechnung zugrunde gelegt werden, ist zulässig. (§ 1012 S. 2 CPO.)

γ) Die Vorlage bezw. das Zeugnis braucht sich nicht auf sämtliche vom Verlust an fällig gewordene Scheine zu beziehen.

Hierzu ist dasselbe zu bemerken, wie oben unter 2c zu § 1011 CPO., wenn auch hier der Wortlaut des Gesetzes — die (!) fällig gewordenen Scheine — noch mehr zur strengeren Auslegung führen könnte. Das Gesetz wollte aber durch § 1012 Satz 2 CPO. keine Erschwerung, sondern eine Erleichterung des Aufgebotsverfahrens schaffen.

4. § 1013 CPO.[2])

„Bei Wertpapieren, für welche Zins-, Renten- oder Gewinnanteilscheine ausgegeben sind, aber nicht mehr ausgegeben werden, ist, wenn nicht die Voraussetzungen der §§ 1010, 1011 vorhanden sind, der Aufgebotstermin so zu bestimmen, dass bis zu demselben seit der Fälligkeit des letzten ausgegebenen Scheines sechs Monate abgelaufen sind.“

Dieser Paragraph behandelt den Fall, in dem zufolge Kündigung oder Auslosung die Obligation so frühzeitig fällig geworden ist, daß keine neuen Scheine auf diese Obligation mehr ausgegeben werden, aber auch nicht mehr für vier Jahre Scheine vorhanden sind.[3]) (Prot. Kom. CPO. 2. Lesg. S. 591 Hahn II/2 S. 1043.)

Hierzu ist zu bemerken:

a) § 1013 CPO. hat nur ergänzende Bedeutung:

Nur wenn die Voraussetzungen der §§ 1010 oder 1011 und, wie man wohl annehmen darf, 1012 CPO.[4]) nicht vorliegen, kommt § 1013 CPO. zur Anwendung.

Bei ausgelosten oder gekündigten Papieren ist insbesondere zu beachten, daß die ausgegebenen Zinsscheine trotz Aufhörens der Verzinsung in der Regel zahlbar bleiben. (Vgl. oben 2b zu § 1011.)

---

[1]) Beispiel: Tabelle II Z. III 1–3.
[2]) Dieser Paragraph wurde erst bei der 2. Lesung eingeschaltet.
[3]) Beispiele: Tabelle II Z. IV 1 u. 2.
[4]) Vgl. hierzu die Bemerkungen zu Ziff. c Anm. 2.

b) Der Aufgebotstermin berechnet sich nach der Fälligkeit des letzten Scheines des ausgegebenen Bogens (= der ausgegebenen Serie), nicht nach der Fälligkeit des letztzahlbaren Scheines.[1])

Diese Auslegung entspricht dem Wortlaut des Gesetzes und kommt insbesondere in der Gesetzesbegründung zum Ausdruck:

Es wollte der Aufgebotstermin nicht vom Auszahlungstermine des Kapitals abhängig gemacht werden, weil der Besitzer vielleicht von der Kündigung oder Auslosung keine Kenntnis erhält (Prot. Kom. CPO. 2. Lesg. S. 591 Hahn II/2 S. 1043); ferner hat die Kommission erster Lesung ausdrücklich hervorgehoben, daß bei allen Wertpapieren mit Coupons, auch wenn diese durch Auslosung oder Kündigung schon früher fällig werden, als die Ausgabe neuer Coupons zu erwarten steht, dennoch bis zum Eintritte des letzteren Zeitpunktes die Amortisation ausgesetzt werden müsse. (Prot. Kom. 1. Lesg. S. 442 Hahn II/2 S. 883.)

c) Auch im Falle des § 1013 CPO. kann § 1012 CPO. entsprechende Anwendung finden.

§ 1013 CPO. erwähnt allerdings nur die §§ 1010 und 1011 CPO., wie andererseits § 1012 CPO. nur auf diese beiden Paragraphen Bezug nimmt. Es dürfte dies aber nur auf einem redaktionellen Versehen beruhen.[2])

Dieselben Erwägungen, die der Einführung des § 1012 CPO. zu Grunde lagen, kommen auch hier in Betracht und sprechen bei der lediglich ergänzenden Bedeutung des § 1013 CPO. dafür, dem Besitzer des letzten Scheines die Möglichkeit der sofortigen Veranlassung des Aufgebotsverfahrens zu bieten.[3])

d) Vor Erlassung des Ausschlußurteils ist entsprechend den §§ 1010 Abs. 2 u. 1011 Abs. 2 CPO. ein Zeugnis des Ausstellers einzureichen.

---

[1]) Gaupp-Stein, § 1013 CPO.; Petersen-Anger, § 1013 CPO., jetzt auch Seuffert, 8. Aufl. 1903 § 1013 CPO.

[2]) Im Entwurfe zur Novelle der CPO. reihte sich § 1012 als § 845a dem § 845 = § 1013 des Gesetzes an und nahm ausdrücklich Bezug auf die §§ 843-845 = 1010, 1011 u. 1013 des Gesetzes. In der Kommission wurde eine Umstellung der Paragraphen vorgenommen und § 1012 als § 844a nach § 844 = § 1011 des Gesetzes eingestellt und dementsprechend nur mehr auf §§ 843 u. 844 = 1010 u. 1011 des Gesetzes Bezug genommen; dabei entfiel ohne jede nähere Begründung die Bezugnahme auf den nun nach § 844a = 1012 zu stehen kommenden § 845 = § 1013 des Gesetzes. — Seuffert § 1012 CPO. Anm. 2 hält sich an den strengen Wortlaut des Gesetzes und schließt die entsprechende Anwendung des § 1012 CPO. aus.

[3]) Beispiel: Tabelle II Z. IV 3.

Das Zeugnis hat zu bestätigen, daß die Haupturkunde nicht vorgelegt, ferner daß der letzte Schein der ausgegebenen Reihe für niemand anderen als den Antragsteller eingelöst wurde.

Die Vorlage dieses Zeugnisses ist nicht ausdrücklich vorgeschrieben, erscheint aber in der Zweckbestimmung der §§ 1010—1013 CPO. und in der lediglich ergänzenden Stellung des § 1013 CPO. gegenüber §§ 1010 u. 1011 CPO. begründet.[1])

II. Schuldurkunden, in welchen eine Verfallzeit angegeben ist.

§ 1014 CPO. trifft im Interesse des unbekannten Inhabers der Urkunde (Begr. Entw. CPO. S. 468 Hahn II/1 S. 487) die Bestimmung:

„Ist in einer Schuldurkunde eine Verfallzeit angegeben, welche zur Zeit der ersten Einrückung des Aufgebots in den Deutschen Reichsanzeiger noch nicht eingetreten ist, und sind die Voraussetzungen der §§ 1010--1013 nicht vorhanden, so ist der Aufgebotstermin so zu bestimmen, dass seit dem Verfalltage sechs Monate abgelaufen sind.“

Im einzelnen ist hervorzuheben:

a) durch den allgemeinen Ausdruck Schuldurkunde wollten alle Schuldurkunden einschließlich der Wertpapiere umfaßt werden. (Prot. Kom. 1. Lesg. S. 442 Hahn II/2 S. 883.)

In der Praxis ist diese Bestimmung meistens von Wichtigkeit für die Kraftloserklärung von Wechseln, Orderpapieren, Prämienlosen ohne Coupons, Lotterielosen mit bestimmtem Ziehungstermine ꝛc. ꝛc.

b) § 1014 CPO. hat im Verhältnis zu den vorausgehenden §§ 1010—1013 CPO. nur ergänzende Bedeutung, kommt also nur dann zur Anwendung, wenn die Voraussetzungen dieser Paragraphen nicht vorliegen.[2])

c) Unter Verfallzeit ist lediglich der auf ein bestimmtes Datum gestellte Fälligkeitstermin zu verstehen, nicht aber auch ein solcher Fälligkeitstermin, der nur allgemein (ohne Angabe des Termins) durch Aufstellung

---

[1]) Seuffert, § 1013 CPO. Anm. 2. Dagegen: Gaupp-Stein zu § 1013 CPO, Petersen-Anger zu § 1013 CPO.

[2]) Gaupp-Stein § 1014 CPO. Anm. I hält trotz Vorliegens der Voraussetzungen des § 1012 CPO. die Anwendbarkeit des § 1013 CPO. für gegeben. Er nimmt einen Fehler in der Fassung des § 1013 CPO. durch die Reichskanzlerbekanntmachung an.

gewisser Voraussetzungen (Kündigung, Auslosung) oder durch gesetzliche Vorschriften (Rückzahlung, Konvertierung) bestimmt ist. (Prot. Kom. 1. Lesg. S. 442 Hahn II/2 S. 884.)[1])

2. Abschnitt.

Landesrechtliche Ausnahmen.

Nicht für alle Arten von Urkunden sind Schutzvorschriften, wie sie die Civilprozeßordnung im Interesse des gutgläubigen Inhabers der Urkunde aufstellt, erforderlich.

In einzelnen Fällen ist deshalb die Landesgesetzgebung reichsgesetzlich ermächtigt, unter Ausschluß der §§ 1010–1014 CPO. die sofortige Einleitung des Aufgebotsverfahrens zu gestatten.

In Bayern bestehen nach dieser Richtung **Ausnahmen**:

1. für die vor dem 1. Januar 1900 ausgegebenen Namenpapiere, sowie für die vor diesem Zeitpunkt auf Namen umgeschriebenen Inhaberpapiere von Privaten.
   (Art. 170 EG. B.GB., Vdg. v. 10. Oktober 1810 und 17. Aug. 1813, § 11 EG. CPO., Art. 7 ÜG.)
2. für die vor oder nach dem 1. Januar 1900 auf Namen umgeschriebenen Schuldverschreibungen des bayerischen Staates oder der dem bayerischen Staate angehörenden Körperschaften, Stiftungen oder Anstalten des öffentlichen Rechtes.
   (Art. 101 EG. B.GB., § 11 EG. CPO., Art. 54 Abs. 2, 55 u. 57 AG. B.GB.)

---

[1]) Vgl. Gaupp-Stein zu § 1014 CPO.; Petersen-Anger § 1014 CPO. Anm. I.

V. Teil.

Die Antragsberechtigung im Aufgebotsverfahren.

Die Entscheidung der Frage, wem die Berechtigung zur Beantragung des Aufgebotsverfahrens zusteht, obliegt an sich dem bürgerlichen Rechte.

(Begr. Entw. CPO. S. 458 Hahn II/1 S. 479).

Den allgemeinen Grundsatz aber, von dem bei Entscheidung dieser Frage auszugehen sei, gibt § 1004 CPO. wieder.

In dieser Bestimmung ist folgende Teilung des Rechtsstoffs begründet.

1. Abschnitt.

Die Antragsberechtigung bei Papieren, welche auf den Inhaber lauten, oder welche durch Indossament übertragen werden können und mit einem Blankoindossamente versehen sind.

Bei diesen Papieren steht die Antragsberechtigung dem „bisherigen Inhaber"[1]) des abhanden gekommenen oder vernichteten Papiers zu (§ 1004 Abs. 1 CPO.), weil dieser zur Geltendmachung des Rechtes aus der Urkunde legitimiert ist. (Entw. CPO. S. 467 Hahn II/1 S. 486.)

Die Bestimmung des § 1004 Abs. 1 CPO. stellt sich als Folgesatz der in § 1004 Abs. 2 CPO. aufgestellten Grundregel dar.

Zum richtigen Verständnisse dieser Bestimmung ist festzuhalten:

I. Entscheidend für die Antragsberechtigung ist allein und ausschließlich die Inhabung des Papiers:

Nur dem Inhaber, nicht dem Eigentümer,[2]) Pfandgläubiger, Nutznießer rc. rc. als solchem, steht das Antragsrecht zu.

---

[1]) Der Ausdruck „bisheriger Inhaber" wurde durch die Novelle zur CPO. an Stelle des Ausdrucks „letzter Inhaber" gesetzt; damit war nur die Herstellung der Übereinstimmung mit § 799 Abs. 2 B.GB. beabsichtigt. (Begr. Nov. CPO. S. 202 Hahn VIII S. 180.)

[2]) Art. 73 WO. ist insofern durch § 1004 Abs. 1 CPO. geändert.

II. Inhabung ist die Ausübung der tatsächlichen Gewalt.

Mit dem Besitze des bürgerlichen Rechtes (§§ 854, 855, 868 B.GB.) muß die Inhabung nicht unbedingt zusammenfallen:

Der mittelbare Besitzer des § 868 B.GB., d. i. derjenige, für den ein anderer als Nutznießer, Pfandgläubiger, Pächter, Mieter, Verwahrer u. s. w. besitzt, ist als solcher nicht Inhaber.

Andererseits wird man aber die Möglichkeit einer Inhabung für einen anderen durch den s.g. Besitzdiener (§ 855 B.GB.) annehmen müssen.[1])

III. Der Rechtsgrund der Inhabung ist ohne Einfluß auf die Antragsberechtigung:

Der Eigentümer, der Nießbraucher, der Pfandgläubiger, der Pächter, der Mieter, der Verwahrer ist antragsberechtigt, wenn er Inhaber ist; antragsberechtigt ist auch der unberechtigte Inhaber, z. B. der Finder, der Dieb.

Die Antragsberechtigung muß sich also nicht mit dem Rechte aus der Urkunde decken:

Es gibt Fälle, in denen der berechtigte Inhaber dem Aussteller gegenüber nicht als Berechtigter gilt (vgl. Abschnitt 2 VI); der zur Verfügung über die Urkunde nicht berechtigte Inhaber hat kein Recht, vom Aussteller die Leistung zu verlangen (§ 793 B.GB.).

Trotzdem darf der Aufgebotsrichter im Falle des § 1004 Abs. 1 CPO. die Frage des Rechtes aus der Urkunde nicht prüfen: Die Entscheidung über die Forderungsberechtigung ginge über den Rahmen des Aufgebotsverfahrens hinaus.[2])

IV. Auch der Schuldner selbst kann antragsberechtigt sein, wenn die Schuldurkunde nach ihrer Rückgabe an den Schuldner und nach Befriedigung des Gläubigers noch Bedeutung hat. (Entw. CPO. S. 467 Hahn II/1 S. 486.) Dies kann z. B. der Fall sein bei Wertpapieren, die börsenmäßig als Effekten gehandelt und als solche in den Bilanzen gebucht werden: eigene Aktien (§ 226 HGB.), eigene Pfandbriefe der Hypothekenbanken (§§ 5 Abs. 2, 24 Z. 4 des Hypothekenbankgesetzes v. 13. Juli 1899).[3])

V. Der Übergang des Rechtes auf Kraftloserklärung nach Eintritt des Verlustes muß als möglich erachtet werden, sowohl für den Fall der Erbfolge wie für den der Sondernachfolge:

---

[1]) So auch Daude § 17 S. 64; siehe oben S. 32.

[2]) Gaupp-Stein § 1004 CPO. Anm. II u. § 1016 CPO.

[3]) Vgl. Dr. Tobias in Holdheims Monatschrift für Handelsrecht und Bankwesen Bd. X/1901 S. 73 ff.; Dr. Hermann Veit Simon, a.a.O. S. 103 ff. Siehe auch § 797 S. 2 B.GB.

Mit dem Verluste der Urkunde geht das Recht aus der Inhabung in das Antragsrecht auf Einleitung des Aufgebotsverfahrens über. Das in dem Rechte der Inhabung begründete Recht der Übertragung der Urkunde wandelt sich mit dem Verlust in das Recht der Übertragung des Antragsrechts um.

2. Abschnitt.

Die Antragsberechtigung bei anderen Urkunden.

Bei anderen Urkunden als den in § 1004 Abs. 1 CPO. bezeichneten Inhaber- oder mit Blankoindossament versehenen Papieren steht die Antragsberechtigung demjenigen zu, der das Recht aus der Urkunde geltend machen kann. (§ 1004 Abs. 2 CPO.)

Wer das Recht aus der Urkunde geltend machen kann, ist im einzelnen Falle auf Grund der einschlägigen Bestimmungen des bürgerlichen Rechtes zu entscheiden.

Der Rahmen dieses Handbuchs gestattet nur die Aufstellung einzelner leitender Gesichtspunkte als Auslegungsbehelfe:

I. Antragsberechtigt ist derjenige, der das Recht aus der Urkunde geltend machen kann; wer nur Rechte auf die Urkunde geltend machen kann, hat kein Antragsrecht.

Die Antragsberechtigung wird also begründet nur durch einen dinglichen, d. h. dem Verpflichteten gegenüber wirkenden, Anspruch aus der Urkunde, nicht aber durch einen, lediglich dem aus der Urkunde Berechtigten gegenüber wirkenden Forderungsanspruch (obligatorischen Anspruch) auf Übertragung der Rechte aus der Urkunde.

Bezüglich des Erwerbs der Rechte aus den hier in Betracht kommenden Urkunden ist festzuhalten, daß dieser im allgemeinen nach § 952 B.GB. nicht in Form des Erwerbs an beweglichen Sachen, sondern des Forderungserwerbs erfolgt.[1])

Die Übertragung von Wechseln und Orderpapieren des § 363 HGB. erfolgt durch Cession oder Indossamente (Staub Art. 9 WO. § 9; Staub § 363 HGB. Anm. 26 u. 29); das gleiche gilt für die Übertragung der Namenaktien oder Aktieninterimsscheine (§ 222 Abs. 3, 224 HGB.; Staub § 222 HGB. Anm 5).

II. Die Geltendmachung des Rechtes aus der Urkunde verlangt nicht, daß der Berechtigte als solcher in der Urkunde benannt ist.

---

[1]) Vgl. Planck B.GB. Bd. III § 952 Anm. 2 S. 210; Staudinger, B.GB. Bd. III § 952 S. 210; siehe jedoch § 792 Abs. 1 Satz 3 B.GB. bezügl. Aushändigung der Anweisung, §§ 1154 Abs. 1, 1192 Abs. 1, 1199 Abs. 1 B.GB. bezügl. Aushändigung des Hypotheken-, Grundschuld- und Rentenbriefs; bezügl. Übertragung einer Lebensversicherungspolice: RG. CS. 51 S. 83.

III. Maßgebend für die Antragsberechtigung ist die Berechtigung zur Geltendmachung des in der Urkunde beurkundeten Rechtes, nicht das Recht an der Urkunde: Auf welchem Rechtsgrunde die Berechtigung beruht, ob auf dem Eigentums-, Besitz-, Pfand-, Nutznießungsrechte, ist unerheblich.

Andererseits begründet Eigentum oder Besitz die Antragsberechtigung dann nicht, wenn mit ihm nicht die Berechtigung zur Geltendmachung der Rechte aus der Urkunde verbunden ist.[1][2])

Der Antragsberechtigung kann sonach beispielsweise zu Grunde liegen:

1. Das Eigentumsrecht.
2. Das Pfandrecht:
   a) bei Wechseln und anderen durch Indossament übertragbaren Papieren:
      Einziehungsbefugnis des Pfandgläubigers (§§ 1292, 1294 B.GB.).
   b) Bei Schuldurkunden über andere Forderungen:
      Befugnis zur Ausübung der Rechte durch den Pfandgläubiger nach Fälligkeit und Erwirkung eines vollstreckbaren Titels (§§ 1282, 1228 Abs. 2, 1277 B.GB.); gemeinschaftliche Ausübung der Rechte durch den Forderungs- und den Pfandgläubiger. (§ 1281 B.GB.)
   c) bei den auf Namen umgeschriebenen Staatsschuldverschreibungen. (Art. 50 Abs. 2 AG. B.GB.)
3. Der Nießbrauch:
   a) bei unverzinslichen Forderungen:
      Einziehungsberechtigung (§ 1074 B.GB.);
   b) bei verzinslichen Forderungen:
      Gemeinsame Ausübung der Rechte durch den Gläubiger und den Nießbraucher. (§ 1077 B.GB.)
4. Die ehelichen Güterrechtsverhältnisse:[3])
   a) bei Gütertrennung und bezügl. des Vorbehaltsguts:
      Antragsberechtigung jedes Ehegatten bezügl. der zu seinem Vermögen gehörenden Urkunden;

---

[1]) Petersen-Anger § 1004 CPO. Anm. 2 S. 712 bezeichnet es als genügend, daß der Antragsteller auf Grund seines „Besitzrechts" befugt ist, die an die Urkunde geknüpften Rechte auszuüben. Die Betonung des Besitzrechts scheint mir nicht glücklich; sie könnte zu dem Mißverständnisse führen, als ob nur das Besitzrecht zur Geltendmachung der Rechte aus der Urkunde berechtigen würde.

[2]) Art. 73 WO., der die Antragsberechtigung lediglich dem Eigentümer zugesteht, ist insofern durch § 1004 Abs 2 CPO. geändert. (Staub Art. 73 WO. § 2.)

[3]) Selbstverständlich ist § 1435 B.GB. bezügl. der Wirkungen des Eintrags im Güterrechtsregister zu beachten.

b) beim gesetzlichen Güterstande des eheherrlichen Nutznießungs- und Verwaltungsrechts bezügl. der zum eingebrachten Vermögen der Ehefrau gehörenden Urkunden:

α) Antragsberechtigung des Ehemanns mit Zustimmung der Ehefrau (§ 1375 B.GB. trotz § 1380 B.GB.);

β) Antragsberechtigung der Ehefrau mit Einwilligung[1]) des Ehemanns (§ 1395 B.GB.; vergl. auch Art. 50 Abs. 3 AG. B.GB.);

c) bei allgemeiner Gütergemeinschaft, Errungenschafts- und Fahrnisgemeinschaft bezügl. der zum Gesamtgute gehörenden Urkunden:

Antragsberechtigung des Ehemanns (§§ 1443, 1438, 1442 B.GB.; §§ 1519, 1549 B.GB.);

d) bei fortgesetzter Gütergemeinschaft bezügl. der zum Gesamtgute gehörenden Urkunden:

Antragsberechtigung des überlebenden Ehegatten (§§ 1485, 1487 B.GB.).

IV. Antragsberechtigt ist auch derjenige, der das Recht aus der Urkunde **nur zum Teile** geltend machen kann.[2])

V. Steht die Geltendmachung der Rechte aus der Urkunde **nur mehreren gemeinsam** zu, so kann nur der gemeinsame Antrag aller Berechtigten als zulässig erachtet werden:

Hier kommen in Betracht:

Das Pfandrecht (oben III 2b); der Nießbrauch (oben III 3b); die Gemeinschaft des § 741 B.GB. (§§ 747 Satz 2, 754 B.GB.); die Erbengemeinschaft (§§ 2033 Abs. 2, 2038, 2039, 2040 B.GB.); die Gesellschaft des § 705 ff. B.GB. (§§ 709, 710, 719 B.GB.) und damit die Rechtsverhältnisse eines nicht rechtsfähigen Vereins (§ 54 Satz 1 B.GB.), einer nicht eingetragenen Aktiengesellschaft (§ 200 Abs. 1 HGB.), einer nicht eingetragenen Gesellschaft mit beschränkter Haftung (§ 11 Abs. 1 Ges. GmbH.), einer nicht eingetragenen Genossenschaft (§ 13 Gen.G.).

VI. Entscheidend für die Antragsberechtigung ist die Berechtigung zur Geltendmachung der Rechte aus der Urkunde **dem Verpflichteten (= dem Aussteller) gegenüber**:

Es gibt Fälle, in denen der Übergang der Rechte aus der Urkunde zwar im Verhältnisse zwischen Veräußerer und Erwerber Rechtswirksamkeit hat, dagegen aber in seiner Wirkung gegen-

[1]) RG. CS. 50 S. 212.

[2]) Gaupp-Stein § 1004 CPO. Anm. I.

über dem Verpflichteten noch von weiteren Voraussetzungen abhängig ist.[1])

Solche Voraussetzungen sind z. B.: Die Anzeige der Forderungsübertragung gem. § 407 B.GB.; die Umschreibung im Staatsschuldkataster (Art. 53 AG. B.GB.); der Vermerk im Aktienbuche (§ 223 Abs. 3 HGB.); die Eintragung im Stammbuche der Reichsbankanteilscheine (§§ 4, 6 Abs. 2 des Reichsbankstatuts v. 21. Mai 1875); die Verzeichnung im Gewerkenbuche (Art. 96 des Berggesetzes v. 20. III. 1869 Ges.Bl. S. 710.)

Über die Antragsberechtigung in diesen Fällen ist zu beachten:

1. Das Ausschlußurteil gibt die Berechtigung zur Geltendmachung der Rechte aus der Urkunde gegenüber dem durch die Urkunde Verpflichteten (§ 1018 CPO.). Derjenige muß also als Antragsberechtigter anerkannt werden, der dem Verpflichteten gegenüber die Rechte aus der Urkunde geltend machen kann:

   Antragsberechtigt ist sonach z. B. derjenige, auf dessen Namen die Umschreibung im Staatsschuldkataster lautet, der zuletzt im Aktienbuch eingetragen ist.[2])

2. Ausnahmsweise darf dem aus der Urkunde Berechtigten das Antragsrecht zugestanden werden, auch wenn er dem Aussteller gegenüber nicht zur Geltendmachung der Rechte aus der Urkunde berechtigt ist, jedoch nur unter der Bedingung, daß derjenige, der dem Aussteller gegenüber als Berechtigter gilt, keine Erinnerung gegen den Antrag erhebt:

   Die Eintragung oder Umschreibung im Kataster oder im Aktienbuch erfolgt auf einseitigen Antrag des aus der Urkunde Berechtigten nur gegen Vorlage der Urkunde. Infolge des Verlustes der Urkunde kann die Eintragung bezw. Umschreibung vor Erwirkung des Ausschlußurteils nicht herbeigeführt werden. Gegen denjenigen, auf dessen Namen die Urkunde eingetragen oder umgeschrieben ist, besteht aber kein Zwang, die Kraftloserklärung zu betreiben. Durch den Verlust der Urkunde würde also die Geltendmachung der Rechte aus der Urkunde unmöglich sein. Die Aufhebung dieser Folge des Verlustes ist aber der Zweck des Aufgebotsverfahrens. Ist die Kraftloserklärung erfolgt, dann kann der Berechtigte unter Vorlage des Ausschlußurteils

[1]) Die Fälle, in denen die Rechtsgültigkeit der Übertragung der Rechte aus der Urkunde von Rechtshandlungen gegenüber dem Aussteller abhängig ist, kommen hier nicht in Betracht: z. B. § 222 Abs. 2 und 4 HGB., § 1280 B.GB.; diese Fälle sind nach dem unter I aufgestellten Grundsatze zu behandeln.

[2]) So auch Staub § 228 HGB. Anm. 1 und § 223 HGB. Anm. 3. Daude, S. 158.

die Eintragung oder Umschreibung auf seinen Namen vom Aussteller verlangen und so seine Rechte dem Verpflichteten gegenüber geltend machen.

Zur Unterstützung dieser Anschauung mag darauf hingewiesen werden, daß im Falle des § 1004 Abs. 1 CPO. die Tatsache der bisherigen Inhabung die Antragsberechtigung begründet, auch wenn der Antragsteller dem Verpflichteten gegenüber nicht als Berechtigter gilt. Ferner ist beachtenswert, daß der durch Kaiserliche Verordnung vom 3. September 1900 RGBl. S. 793 aufgehobene § 8 des Reichsbankstatuts von dem Antragsteller, der mit dem eingetragenen Anteilseigner nicht identisch ist, nur den Nachweis verlangt, daß der eingetragene Anteilseigner keinerlei Ansprüche auf die Anteile erhebe. Eine sachliche Änderung in dieser Richtung war offenbar nicht beabsichtigt.

VII. Antragsberechtigt kann auch der Verpflichtete selbst sein, soweit eine Schuldurkunde nach ihrer Rückgabe an den Schuldner und nach Befriedigung des Gläubigers noch von Bedeutung ist. (Siehe Abschnitt 1 Ziff. IV.)

Als weiteres Beispiel kann hier auf Hypothekenbriefe verwiesen werden. (§ 42 GBO.)[1])

---

[1]) Gaupp-Stein, § 1004 CPO. Anm. I.

VI. Teil.

Das Aufgebotsverfahren.

1. Abschnitt.

Vorbemerkung.

1. Schon in der Einleitung wurde hervorgehoben, daß die formelle Regelung des Aufgebotsverfahrens dem Prozeßrechte zufällt.
2. Seinem inneren Wesen nach könnte man das Aufgebotsverfahren wohl als einen Teil der freiwilligen Gerichtsbarkeit betrachten; es ist ein reines „Präklusionsverfahren" mit der Wirkung der Aufhebung und Begründung von Rechten (Begr. Entw. CPO. S. 464 Hahn II/1 S. 484), ein Verfahren der öffentlich gerichtlichen Aufforderung an unbestimmte Gegner oder unbekannte Beteiligte zur Anmeldung von Ansprüchen und Rechten mit präklusiver Folge = Aufgebot. (Begr. Entw. CPO. S. 458 ff. Hahn II/1 S. 479.)

   Durch die Aufnahme in die Civilprozeßordnung ist aber das Aufgebotsverfahren ein Teil der ordentlichen streitigen Gerichtsbarkeit geworden.[1])
3. Als ein Teil der ordentlichen streitigen Gerichtsbarkeit wird das Aufgebotsverfahren von den allgemeinen Grundsätzen des Gerichtsverfassungsgesetzes und der Civilprozeßordnung beherrscht, soweit die Anwendung dieser Bestimmungen nicht ausdrücklich oder infolge des eigenartigen Wesens des Aufgebotsverfahrens ausgeschlossen ist.

   Entsprechend anzuwenden sind sonach insbesondere:

   a) Die Bestimmungen des Gerichtsverfassungsgesetzes über: Rechtshülfe (§ 157 ff.), Öffentlichkeit und Sitzungspolizei (§ 170 ff.), Gerichtssprache (§ 186 ff.), Gerichtsferien (§ 201 ff.).

---

[1]) Vergl. Planck, Lehrb. d. deutsch. Civilprozeßrechtes Bd. I (1887) S. 35; Gaupp-Stein, Vorbemerkung III zu § 946 S. 800.

b) Die Bestimmungen der Civilprozeßordnung über: Gegenstandswert (§ 3 ff.), allgemeinen Gerichtsstand (§ 12 ff.),[2]) Bestimmung des zuständigen Gerichts (§ 36 Z. 1—2 und 4—6),[3]) Ausschließung und Ablehnung von Gerichtspersonen (§ 41 ff.), Partei- und Prozeßfähigkeit (§ 50 ff.),[4]) Streitgenossenschaft (§ 59 ff.), Prozeßbevollmächtigte und Beistände (§ 78 ff.), Prozeßkosten (§ 91 ff.), Armenrecht (§ 114 ff.), mündliche Verhandlung (§ 128 ff.), Zustellungen (§ 166 ff.), Ladungen, Termine und Fristen (§ 214 ff.), Fristversäumung und Wiedereinsetzung (§ 230 ff.), Unterbrechung[5]) und Aussetzung (§ 239 ff.), Beweiswürdigung (§ 286), Geständnis, Offenkundigkeit, Vermutung (§ 288 ff.), Anwendung fremden Rechtes (§ 293), Glaubhaftmachung (§ 294 Abs. 1),[6]) Akteneinsicht (§ 299), Fällung, Verkündung, Inhalt, Aushang und Berichtigung des Urteils (§ 309 ff.), Beweisaufnahme mit Ausnahme der Eideszuschiebung (§ 355 ff.), Verfahren vor dem Amtsgerichte (§ 495), Einwirkung auf die Parteitätigkeit (§ 503), Beschwerde (§ 567 ff.).

4. Das Aufgebotsverfahren zum Zwecke der Kraftloserklärung abhanden gekommener oder vernichteter Urkunden ist eine Art des gerichtlichen Aufgebotsverfahrens.

Es sind deshalb die allgemeinen Bestimmungen der §§ 946—959 CPO. anzuwenden, soweit nicht durch die §§ 1003—1024 CPO. besondere, die allgemeinen Bestimmungen teils ergänzende, teils ändernde Vorschriften aufgestellt sind.

Bei nachfolgender Darstellung des Aufgebotsverfahrens zum Zwecke der Kraftloserklärung abhanden gekommener oder vernichteter Urkunden wird meistens kurzweg der Ausdruck „Aufgebotsverfahren" gebraucht.

2. Abschnitt.

Die Zuständigkeit zur Durchführung des Aufgebotsverfahrens.

I. Das Aufgebotsverfahren zum Zwecke der Kraftloserklärung abhanden gekommener oder vernichteter Urkunden ist in der Regel ein gerichtliches Verfahren. (§ 946 Abs. 2 CPO.)

---

[2]) Siehe Abschnitt 2.

[3]) Gaupp-Stein, A. III Vorbemerkung zu § 946 S. 801 und Daude § 36 Z. 1 S. 146; RG. CS. 45 S. 388.

[4]) Siehe Abschnitt 3.

[5]) Siehe Abschnitt 12.

[6]) § 294 Abs. 2 bezügl. des Erfordernisses sofortiger Beweisaufnahme greift nicht Platz (Gaupp-Stein § 952 Anm. I 1 Abs. 2).

Eine Ausnahme besteht in Bayern für die Kraftloserklärung der Sparkassenbücher öffentlicher Sparkassen: Neben dem gerichtlichen Aufgebotsverfahren ist ein einfacheres und billigeres[1]) Verfahren der Kraftloserklärung durch den Vorstand der Sparkasse für die vor und nach dem Inkrafttreten des B.GB. ausgegebenen Sparkassenbücher gestattet. (§ 808 B.GB., Art. 102 und 177 EG. B.GB., Art. 111 ff., 121 AG. B.GB.)

II. Zur Durchführung des gerichtlichen Aufgebotsverfahrens sind sachlich die Amtsgerichte zuständig. (§ 23 GVG.)

Den Landesgesetzen ist für einige Fälle die Befugnis eingeräumt, anderen Gerichten als den Amtsgerichten das Aufgebotsverfahren zuzuweisen (§ 3 EG. GVG., § 11 EG. CPO); Bayern hat von dieser Befugnis keinen Gebrauch gemacht.

III. Für die örtliche Zuständigkeit der Amtsgerichte kommt in Betracht:

1. Die Bestimmung des örtlich zuständigen Gerichts durch die Civilprozeßordnung.

a) Für das Aufgebotsverfahren ist das Gericht des Orts zuständig, welchen die Urkunde als den Erfüllungsort bezeichnet. (§ 1005 Abs. 1 Satz 1 CPO.)

aa) Der Erfüllungsort muß durch die Urkunde bezeichnet, aber nicht ausdrücklich in ihr genannt sein; es genügt, wenn auf Grund der in der Urkunde enthaltenen Angaben der Richter den Erfüllungsort feststellen kann. (Vgl. Art. 73, 4 Z. 8, 97 WO.)[2])

bb) Sind mehrere Erfüllungsorte neben einander in der Urkunde angegeben, so ist das Gericht jedes Erfüllungsorts zuständig.

Ist die Bestimmung des Erfüllungsorts der Wahl des Gläubigers überlassen, so kann dieser die Entscheidung des zuständigen Gerichts treffen.

Steht die Wahl des Erfüllungsorts dem Schuldner (Aussteller) zu, so wird nach Wahl des Schuldners jedes der benannten Gerichte zuständig sein.[3]) Der

---

[1]) Art. 115 Abs. 1 AG. B.GB.: Das Aufgebot ist durch Aushang bei der Sparkasse und durch einmalige Einrückung eines Auszugs in das für die Bekanntmachungen der Sparkasse bestimmte Blatt zu veröffentlichen. Abs. 2: Der Vorstand kann die einmalige Einrückung in noch ein anderes Blatt oder die einmalige Wiederholung der Einrückung in das in Abs. 1 bestimmte Blatt anordnen. Vergl. dagegen das gerichtliche Aufgebot. (Abschnitt 6) Das Verfahren ist gebührenfrei. Art. 120.

[2]) Gaupp-Stein, § 1005 CPO. Anm. Ia.

[3]) Prot. Kom. CPO. 1. Lesg. S. 440 Hahn II/2 S. 882; Versicherungspolicen tragen öfters den Vermerk: „Zahlbar nach Wahl des Ausstellers in A oder B.“

Antragsteller hat den Nachweis des Einverständnisses des Schuldners mit der Wahl des angegangenen Gerichts beizubringen.

cc) Liegt der in der Urkunde benannte Erfüllungsort nicht in Deutschland, so ist ein deutsches Gericht zur Durchführung des Aufgebotsverfahrens nicht zuständig.[1])

b) Enthält die Urkunde nicht die Bezeichnung des Erfüllungsorts, so ist das Gericht zuständig, bei dem der Aussteller seinen allgemeinen Gerichtsstand hat, und in Ermangelung eines solchen Gerichts dasjenige, bei dem der Aussteller zur Zeit der Ausstellung seinen allgemeinen Gerichtsstand gehabt hat. (§ 1005 Abs. 1 Satz 2 CPO.)

Der allgemeine Gerichtsstand (§ 12 ff. CPO., § 7 ff. B.GB.) richtet sich in der Regel nach dem Wohnsitz, bei Militärpersonen nach dem Garnisonsorte, bei Gesellschaften und Vereinen nach dem Sitze, bei Personen, die keinen Wohnsitz in Deutschland haben, nach dem Aufenthaltsorte.

Im einzelnen ist noch hervorzuheben:

aa) Ehefrauen teilen in der Regel in Ansehung des Gerichtsstands den Wohnsitz des Mannes, eheliche Kinder den Wohnsitz des Vaters, uneheliche Kinder den Wohnsitz der Mutter; das Kind behält den Wohnsitz, bis es ihn rechtsgültig verliert. (§§ 10 und 11 B.GB.)

bb) Bei Gesellschaften oder Vereinen ist neben dem durch § 17 CPO. bestimmten allgemeinen Gerichtsstand ein durch Statut oder in anderer Weise besonders geregelter Gerichtsstand zulässig. (§ 17 Abs. 3 CPO.) Durch diese Bestimmung ist der allgemeine Gerichtsstand nicht ausgeschlossen, doch darf man annehmen, daß hier ein zweiter allgemeiner Gerichtsstand neben dem der Civilprozeßordnung geschaffen wird.[2]) (Gaupp-Stein § 17 CPO. An. III.)

---

[1]) Daude, § 16 S. 59.

[2]) Dies dürfte der Entstehungsgeschichte des § 17 CPO. zu entnehmen sein: Im Entwurfe war die Ausschließung des allgemeinen Gerichtsstands der CPO. vorgesehen. Bei Abfassung der zum Gesetz gewordenen Bestimmung wollte man zwar nicht soweit gehen, aber es wurde ausdrücklich darauf Gewicht gelegt, daß durch die Konzessionsurkunden für auswärtige Versicherungsgesellschaften im Inland ein allgemeiner Gerichtsstand geschaffen werden könne. (Prot. Kom. CPO. 1. Lesung S. 8 ff. Hahn II|1 S. 530; Begr. Entw. CPO. S. 56 Hahn II/1 S. 152.)

Für die Kraftloserklärung der Urkunden von Versicherungsgesellschaften kann dies von wichtiger Bedeutung sein. (RG. v. 12. Mai 1901 betr. die privaten Versicherungsunternehmungen §§ 86 Abs. 2 Z. 3, § 89, § 115.)

cc) § 21 CPO. begründet einen „besonderen" Gerichtsstand der Handelsniederlassung, der aber für Klagen, die sich auf den Geschäftsbetrieb der Handelsniederlassung beziehen, die Bedeutung eines allgemeinen Gerichtsstands hat.

Ist die Urkunde im Betrieb einer Handelsniederlassung im Sinne des § 21 CPO. ausgestellt, so wird deshalb zur Durchführung des Aufgebotsverfahrens bezüglich dieser Urkunde wohl auch das Gericht des Ortes der Handelsniederlassung für zuständig erachtet werden können.

Die hier angenommene Ausdehnung der Zuständigkeit dürfte sich durch das praktische Bedürfnis und durch die Entstehungsgeschichte der §§ 21 u. 1005 CPO. rechtfertigen.[1])

dd) Die Civilliste des Königs hat ihren allgemeinen Gerichtsstand vor dem Amtsgerichte München I. Abt. A. (§ 5 EG. CPO., § 5 EG. GVG., Art. 1 AG. CPO., Verordnung v. 13. Mai 1874 Reg.Bl. S. 754)

ee) Die Mitglieder des kgl. Hauses sind in persönlicher Beziehung von der ordentlichen Gerichtsbarkeit befreit. (§ 5 EG. CPO., § 5 EG. GVG., Titel X des kgl. Familienstatuts vom 5. August 1819.) Sie haben keinen allgemeinen Gerichtsstand vor den ordentlichen Gerichten.

c) Ist die Urkunde über ein im Grundbuch eingetragenes Recht ausgestellt, so ist das Gericht der belegenen Sache ausschließlich zuständig. (§ 1005 Abs. 2 CPO.)

2. Die Bestimmung des örtlich zuständigen Gerichts durch besondere Gesetze.

a) Bei Schuldverschreibungen des bayerischen Staates ist das Amtsgericht, bei welchem die Staats-

---

[1]) Der allgemeine Gerichtsstand wurde deshalb der örtlichen Zuständigkeit zu Grunde gelegt, „weil man annehmen dürfe, daß an dem Ort erfüllt werden solle, an dem der Schuldner seinen Wohnsitz hat" (Begr. Entw. CPO. S. 467 Hahn II/1 S. 486); „der besondere Gerichtsstand der Niederlassung ist aber dem forum domicilii nachgebildet; das Etablissement wird, was die auf den Geschäftsbetrieb desselben bezüglichen Klagen anlangt, dem Wohnsitze gleich geachtet." (Entw. CPO. S. 57 Hahn II/1 S. 153.)

schuldentilgungsanstalt ihren allgemeinen Gerichtsstand hat, bei Schuldverschreibungen, die von einer dem bayerischen Staate angehörenden Körperschaft, Stiftung oder Anstalt des öffentlichen Rechtes ausgestellt sind, das Amtsgericht, bei welchem die Körperschaft, Stiftung oder Anstalt ihren allgemeinen Gerichtsstand hat, ausschließlich zuständig.

(§ 1006 Abs. 3 CPO., Art. 69 AG. CPO. in der Fassung des Art. 166 Nr. XIV AG. B.GB.)[1])

Das k. Amtsgericht München I Abt. A ist demnach zuständig für die Kraftloserklärung sämtlicher Schuldverschreibungen des bayerischen Staates, auch wenn diese von Staatsschuldentilgungsspezialkassen ausgestellt sind.[2])

b) Bei Reichsschuldverschreibungen und Reichsschatzanweisungen sowie bei Reichsbankanteilscheinen ist das k. Amtsgericht I Berlin zuständig.

(§ 17 der Reichsschuldenordnung vom 19. März 1900, RGBl. S. 129, und § 8 des Reichsbankstatuts in der Fassung vom 3. September 1900, RGBl. 793).[3])

3. Die Bestimmung des örtlich zuständigen Gerichts durch die Landesjustizverwaltung.

Die Erledigung der Anträge auf Erlassung des Aufgebots zum Zwecke der Kraftloserklärung eines auf den Inhaber lautenden Papiers oder eines inhaberpapierähnlichen Namenpapiers nach § 808 B.GB. kann von der Landesjustizverwaltung für mehrere Amtsgerichtsbezirke einem Amtsgericht übertragen werden. (§ 1006 Abs. 1, § 1023 CPO.)

In Bayern ist eine solche Übertragung durch das kgl. Staatsministerium der Justiz nicht erfolgt.[4])

---

[1]) Diese Bestimmung liegt nicht nur im Interesse der Schuldenverwaltung, sondern erleichtert auch die wegen der Kostenersparnis wünschenswerte Verbindung mehrerer Aufgebote und gewährt den Besitzern der Schuldverschreibungen den Vorteil, daß sie nur die Bekanntmachungen in einem amtlichen Blatte beachten müssen. (K. d. A. 1898/1899 Bd. XX Beil. B. S. 115.)

[2]) Staatsschuldentilgungsspezialkassen bestanden in München, Bamberg, Regensburg, Augsburg, Nürnberg und Würzburg. Die drei ersteren Kassen wurden durch Kgl. Verordnung v. 14. Oktober 1867 (Reg.Bl. S. 1081), die letzteren drei durch Kgl. Verordnung v. 7. Mai 1880 (G.- u. V.-Bl. S. 321) aufgehoben und zwar mit Wirkung v. 1. Juli 1880: Nürnberg, v. 1. Juli 1881 (G.- u. V.-Bl. S. 407/1881): Augsburg, v. 1. November 1881 (G.- u. V.-Bl. S. 1285/1881): Würzburg.

[3]) Daude, § 26 S. 102, § 27 S. 108.

[4]) Die Landesjustizverwaltung kann nur eine allgemeine Zuständigkeitsbestimmung treffen, nicht einen einzelnen Aufgebotsfall einem bestimmten Amtsgerichte zuweisen. Gaupp-Stein § 972 CPO., Seuffert § 972 CPO., JME. v. 1. X. 1903 Nr. 31300 (nicht veröffentlicht).

4. Die Bestimmung des örtlich zuständigen Gerichts durch das im Instanzenzuge zunächst höhere Gericht.

Die Vorschriften des § 36 Z. 1, 2, 4, 5 u. 6 CPO. sind bezüglich der Bestimmung des Aufgebotsgerichts entsprechend anzuwenden.[1])

3. Abschnitt.

Die Antragstellung.

I. Die Partei- und Prozeßfähigkeit des Antragstellers.

Steht dem Antragsteller im Aufgebotsverfahren in der Regel auch kein Streitgegner gegenüber, so hat der Antragsteller doch die Stellung der Prozeßpartei.[2])

Die allgemeinen Grundsätze der Civilprozeßordnung über Partei- und Prozeßfähigkeit (§ 50 ff. CPO.) finden auf ihn Anwendung:

1. Der Parteiunfähige kann auch im Aufgebotsverfahren nicht als Antragsteller auftreten:

   Nicht rechtsfähige Vereine sind demnach von der Antragstellung im Aufgebotsverfahren ausgeschlossen. (§ 50 Abs. 2 CPO.) Über die Antragsberechtigung dieser Vereine siehe oben Teil V, Abschnitt 2 Ziff. V.

2. Der Prozeßunfähige kann zwar die Antragsberechtigung besitzen, aber nicht selbst als Antragsteller im Aufgebotsverfahren auftreten.

   Die Prozeßfähigkeit richtet sich nach den Bestimmungen des bürgerlichen Rechtes und der Civilprozeßordnung (§ 51 ff. CPO.):

   a) Prozeßunfähig sind Personen, die sich nicht durch Verträge verpflichten können: Minderjährige, Geisteskranke, unter Pflegschaft gestellte Personen. — Die Antragsberechtigung wird für diese durch den gesetzlichen Vertreter ausgeübt.

   b) Prozeßfähige Personen, die im Verfahren durch einen Pfleger vertreten sind, werden den Prozeßunfähigen gleichgestellt (§ 53 CPO.): Gebrechliche, Abwesende[3]) (§§ 1910, 1911 B.GB.); einschlägig sind hier auch entsprechend die

[1]) Gaupp-Stein § 946 CPO. Vorbem. A III S. 801; Daude § 36 Z. 1 S. 146; RG. CS. 45 S. 388.

[2]) Gaupp-Stein, § 946 CPO., Vorbem. III S. 801.

[3]) RG. CS. 52 S. 223.

Bestimmungen über: Nachlaßpflege[1]) (§ 1960 ff. B.GB.), Testamentsvollstreckung (§ 2205 B.GB.), Konkursverwaltung (§ 6 KO.). — Die Antragsberechtigung wird durch den Pfleger, Testamentsvollstrecker, Konkursverwalter ausgeübt.

c) Ehefrauen sind als solche prozeßfähig; ihre Antragsberechtigung kann aber durch güterrechtliche Verhältnisse ausgeschlossen sein.[2])

II. Die Vertretung prozeßfähiger Antragsteller.

1. Der Antrag kann durch einen mit schriftlicher Vollmacht versehenen Bevollmächtigten gestellt werden (§ 80 ff. CPO.). Der Antragsteller kann sich auch eines Beistands bedienen (§ 90 CPO.).

Die Zulassung bestimmter Personen als Bevollmächtigte oder Beistände kann gemäß § 157 CPO. beschränkt werden.[3])

2. Die Antragstellung kann durch Handelsbevollmächtigte mit besonderer Ermächtigung (§ 54 Abs. 2 HGB.), oder durch Prokuristen (§§ 49, 50 HGB.) erfolgen.[4])

3. Juristische Personen oder Handelsgesellschaften üben ihr Antragsrecht durch den gesetzlichen Vertreter aus:

a) die Vertretung erfolgt mit unbeschränkbarer Vertretungsmacht:

Bei Aktiengesellschaften durch den Vorstand (§§ 231 ff., 235 Abs. 2 HGB.), bei Gesellschaften mit beschränkter Haftung durch die Geschäftsführer (§§ 35 ff., 37 Abs. 2 Ges. GmbH.), bei Genossenschaften durch den Vorstand (§§ 24 ff., 27 Abs. 2 Gen.G.), bei größeren Versicherungsvereinen durch den Vorstand (§ 34 Vers.G. v. 12. V. 01, § 231 ff. HGB.), bei offenen Handelsgesellschaften durch die vertretungsberechtigten Teilhaber (§§ 125 ff., 126 Abs. 2 HGB.), bei Kommanditgesellschaften durch die persönlich haftenden Gesellschafter (§§ 161 Abs. 2, 164, 170, 125 ff. HGB.); im Falle der Liquidation geht die Vertretungsmacht auf die Liquidatoren über.

---

[1]) Der mit der Nachlaßauseinandersetzung betraute Notar ist nicht antragsberechtigt (Nachlaßgesetz v. 9. August 1902 G.- u. V.-Bl. S. 463 ff. Art. 8); anders im Falle der Nachlaßverwaltung nach § 1975 ff. B.GB.

[2]) Siehe oben Teil V Abschn. 2 Ziff. III 4.

[3]) JMB. 4. Januar 1900, JMBl. S 115.

[4]) Bei eingetragenen Genossenschaften ist die Bestellung von Prokuristen und Handelsbevollmächtigten zum gesamten Geschäftsbetriebe ausgeschlossen (§ 42 Abs. 2 Gen.G).

b) Die Vertretung erfolgt, soweit die Vertretungsmacht nicht statutarisch beschränkt ist:

Bei Vereinen des § 21 B.GB. und bei kleineren Versicherungsvereinen (§ 53 Vers.G.) durch den Vorstand (§ 26 B.GB.) bezw. die Liquidatoren (§ 48 B.GB.).

4. Bezüglich der Vertretung der Civilliste, des Fiskus, der politischen Gemeinden, Kirchengemeinden, Universitäten, Stiftungen, Gewerkschaften, Fideikommisse mag eine Verweisung auf Schierlinger, die bayerischen Landesgesetze und Verordnungen, S. 178 ff., genügen.

III. Die Form des Antrags.

Der Antrag kann gestellt werden:

1. Schriftlich, auch ohne Zuziehung eines Anwalts (§ 947 Abs. 1 CPO.).[1]
2. Zu Protokoll des Gerichtsschreibers des zuständigen Amtsgerichts (§ 947 Abs. 1 CPO.).
3. Zu Protokoll des Gerichtsschreibers jedes Amtsgerichts, der im Rechtshülfeverkehr den Antrag aufzunehmen und an das zuständige Gericht zu leiten hat. (§ 157 GVG.)[2]

IV. Der Inhalt des Antrags.

1. Der Antrag hat sich zunächst zu richten auf: „Einleitung des Aufgebotsverfahrens zum Zwecke der Kraftloserklärung."
2. In Hinblick auf § 952 Abs. 2 CPO. kann gleichzeitig der Antrag auf „Kraftloserklärung durch Ausschlußurteil" gestellt werden.
3. Besteht ein Anlaß zur Einleitung der Zahlungssperre (Teil VIII) so wird man den Antrag auch auf Erlassung der Zahlungssperre ausdehnen.
4. Sind keine besonderen Gründe für Beschleunigung gegeben und richtet sich der Antrag an ein größeres Gericht, bei dem häufiger Urkundenaufgebote veranlaßt sind, so wird es in Hinblick auf die ganz bedeutenden, durch die kostspielige Bekanntmachung veranlaßten Mehrkosten einer gesonderten Durchführung des Aufgebotsverfahrens angezeigt sein, das Gesuch um Verbindung mit mehreren Aufgebotssachen zu stellen (§ 959 CPO.).

---

[1]) Hierzu MB. v. 28. April 1901 betr. die Vereinfachung des dienstlichen Verkehrs (JMBl. S. 363).

[2]) Hierzu JMB. v. 30. Dezember 1901, Geschäftsanweisung für Gerichtsschreiber (JMBl. 1902 S. 1 ff. § 1, 2, 3, 4).

5. Ist andererseits ein dringlicher Grund zur Beschleunigung der Erwirkung des Ausschlußurteils gegeben, so wird unter Umständen das Gesuch um Erklärung des Verfahrens als Feriensache veranlaßt sein (§ 202 ff. GVG.).
6. Sind die tatsächlichen Voraussetzungen zur Bewilligung des Armenrechts gegeben, so kann gleichzeitig das Gesuch um Zulassung zum Armenrechte verbunden werden. (§ 114 ff. CPO.)[1]

V. Die Begründung des Antrags.

1. Der Antrag hat die genaue Bezeichnung des Antragstellers, gegebenenfalls auch des Bevollmächtigten, nach Name, Stand und Wohnort zu enthalten. (§ 947 Abs. 2 Z. 1 CPO.)
2. Der Bevollmächtigte hat seine schriftliche Vollmacht vorzulegen. Das Gericht kann die Glaubhaftmachung einer Vertretungsbefugnis durch Vorlage von Registerauszügen, Bestallungsurkunden u. s. w. verlangen.
3. Die für kraftlos zu erklärende Urkunde ist auf das Genaueste zu bezeichnen:

   Entweder ist eine Abschrift der Urkunde beizubringen, oder der wesentliche Inhalt der Urkunde und alles anzugeben, was zur vollständigen Erkennbarkeit derselben erforderlich ist (§ 1007 Z. 1 CPO.):[2])

   a) Bei Urkunden, für die ein bestimmter Inhalt üblich und gerichtsbekannt ist, wie bei Schuldverschreibungen des Staates, öffentlicher Anstalten, größerer Banken, bei Aktien oder Aktieninterimsscheinen, ist insbesondere anzugeben: der Aussteller, sein allgemeiner Gerichtsstand, der aus der Urkunde ersichtliche Erfüllungsort, die rechtliche Natur der Urkunde (Inhaber-, Namenpapier), der in der Urkunde benannte Gläubiger, die Kennzeichnung der Urkunde nach Nr., Serie, Litera, Kataster-Nr., Doppelnummer u. s. w., die Verzinsung, der Nennbetrag, die in der Urkunde enthaltene Verfallzeit, soweit Übergangsvorschriften in Frage stehen, auch der Tag der Ausstellung bezw. Umschreibung auf Namen.

---

[1]) MB. v. 5. VII. 1879 JMBl. S. 305 ff. — Auch in Armenrechtssachen erfolgt die Bekanntmachung im D. R.Anz. nicht kostenlos (preuß. Ministerialbeschluß v. 5. VII. 1886, pr. JMBl. S. 201/1886 u. S. 89/1887).

[2]) In der Regel wird der Aussteller zur Erteilung der erforderlichen Auskunft oder einer Abschrift der Urkunde verpflichtet sein: § 799 Abs. 2 B.GB.; § 228 Abs. 1 Satz 2 HGB., § 8 Abs. 1 Satz 2 des Reichsbankstatuts in der Fassung v. 3. IX. 1900.

b) In allen anderen Fällen wird die Vorlage einer Abschrift oder einer wiederhergestellten Zweitschrift (eines rekonstruierten Duplikats) der Urkunde oder wenigstens eines Formulars der in Betracht kommenden Urkunde kaum entbehrt werden können. Jedenfalls wird auf diese Weise am einfachsten dem Richter die Beurteilung der rechtlichen Natur der Urkunde und aller für das Aufgebotsverfahren in Betracht kommenden Gesichtspunkte ermöglicht. Unter Umständen wird die Vorlage der Statuten des Ausstellers oder der allgemeinen und besonderen Ausgabebedingungen erforderlich sein.

4. Diejenigen Tatsachen, von welchen die Antragsberechtigung des Antragstellers abhängt, sind anzugeben und glaubhaft zu machen. (§ 1007 Ziff. 2 CPO.)

Die Erbfolge wird in der Regel durch Erbscheine, das eheliche Güterrecht durch Auszüge aus dem Güterrechtsregister darzutun sein.

5. Der Verlust der Urkunde ist glaubhaft zu machen. (§ 1007 Ziff. 2 CPO.)

Zur Ermöglichung der Berechnung des Aufgebotstermins (§ 1010--1015 CPO.) muß vor allem der Zeitpunkt des Verlustes auf das Genaueste angegeben oder umgrenzt werden, jedenfalls unter Angabe des Zeitpunkts der Entdeckung des Verlustes.

6. Die Glaubhaftmachung kann durch alle Beweismittel, mit Ausnahme der Eideszuschiebung, erfolgen. (§ 294 Abs. 1 CPO.) Als Mittel der Glaubhaftmachung kann eine von einem Notar abgenommene eidesstattliche Versicherungserklärung dienen. (Art. 3 Abs. 1 Not.Ges., § 262 ff. Gesch.Ordnung f. d. Notariate v. 24. Dezemb. 1899 JMBl. S. 591 ff.) Auch kann die Feststellung eines Zustandes von Personen und Sachen durch notarielle Urkunden, insbesondere Beurkundung unbeeidigter freiwilliger Aussagen erfolgen. (§ 267 ff. der Gesch.Ordnung f. d. Notariate.)

7. Unter allen Umständen hat sich der Antragsteller zur Versicherung der Wahrheit seiner Angaben an Eidesstatt zu erbieten (§ 1007 Ziff. 3 CPO.).

Der Aufgebotsrichter hat zu entscheiden, ob er das Erbieten zur eidesstattlichen Versicherungserklärung annehmen und sonach die eidesstattliche Versicherungserklärung zulassen (§ 294 CPO.) und abnehmen will.

Der Vollmachtträger hat das Erbieten der eidesstattlichen Versicherungserklärung seines Vollmachtgebers zu stellen, der gesetzliche Vertreter hat sich selbst zur eidesstattlichen Versicherungserklärung namens des Vertretenen zu erbieten.

8. In vielen Fällen, namentlich wenn eine Abschrift der Urkunde nicht vorliegt oder wenn eine Berechnung des Aufgebotstermins nach §§ 1010—1015 CPO. notwendig ist, bedarf es der Vorlegung eines Zeugnisses des Ausstellers über die Voraussetzungen zur Einleitung des Aufgebotsverfahrens.[1])

a) Durch dieses Zeugnis sollen dem Richter die Voraussetzungen zur Einleitung des Aufgebotsverfahrens nachgewiesen und alle zur richtigen Durchführung des Verfahrens erforderlichen Anhaltspunkte verschafft werden.

Das Zeugnis hat ersichtlich zu machen:

α) Im allgemeinen:

Welche rechtliche Natur die Urkunde hat, wer als Berechtigter in den Büchern des Ausstellers eingetragen ist, nach Umständen auch wann die Ausstellung oder Umschreibung auf Namen erfolgte, ferner ob die Urkunde einen Verfalltermin benennt, ob sie gekündigt oder verlost ist, ob sie eine Bestimmung über die Unzulässigkeit der Kraftloserklärung oder über die Veröffentlichung des Aufgebots oder des Ausschlußurteils enthält, wenn Zahlungssperre beantragt wird: welche Zahlstellen in der Urkunde benannt sind.

β) Bei Wertpapieren, zu denen Zins-, Renten- oder Gewinnanteilscheine ausgegeben sind:

Ob die Erlassung des Aufgebots nach §§ 1010—1013 mit 1015 CPO. zur Zeit zulässig ist.

Das Zeugnis muß also ersehen lassen, wann der letzte Zins-, Renten- oder Gewinnanteilschein ausgegeben wurde (= Tag der Emission der Couponsserie) und welche Scheine dieser Bogen umfaßt, oder wann der nächste Bogen ausgegeben wird und mit welchem Scheine er beginnt, ob trotz Kündigung und Auslosung die zur Zeit in Umlauf befindlichen Scheine eingelöst werden. (§ 803 Abs. 1 B.GB.)

b) Dieses vorbereitende Zeugnis ist nicht zu verwechseln mit dem Zeugnisse nach §§ 1010 Abs. 2 und 1011 Abs. 2 CPO.

Der Inhalt des vorbereitenden Zeugnisses muß sich nicht auf diese Bestimmungen beziehen.

Trotzdem wird es zweckmäßig sein, soweit möglich diese Bestimmungen im Zeugnisse zu berücksichtigen:

α) Ließe sich schon in diesem Zeitpunkte die Unzulässigkeit des seinerzeitigen Ausschlußurteils gemäß §§ 1010 Abs. 2 oder 1011 Abs. 2 CPO. feststellen, so würden

---

[1]) Beispiele solcher Zeugnisse siehe Anhang.

durch eine entsprechende Feststellung im Zeugnisse dem Antragsteller ganz erhebliche Kosten erspart werden können.

β) Wären die Fristen der §§ 1010 und 1011 Abs. 1 bereits abgelaufen und ließen sich jetzt schon die Voraussetzungen des Abs. 2 nachweisen, dann würde durch Ausdehnung des Zeugnisses auf die Bestimmungen des Abs. 2 die Beibringung eines zweiten Zeugnisses überflüssig werden.

9. Zins-, Renten- oder Gewinnanteilscheine, die nicht verloren gegangen sind, müssen in Hinblick auf § 1012 CPO. dem Gerichte vorgelegt werden.

4. Abschnitt.

Die Tätigkeit des Gerichtsschreibers nach Stellung des Antrags.

Der Gerichtsschreiber hat:

1. Den Betreff mit dem Buchstaben „E" unter fortlaufender Nummer in das Prozeßregister (§ 72 ff, 75 II Gesch.Anw.), gegebenenfalls auch in das Armenrechtsregister einzutragen (§ 59 ff. a.a.O.);
2. einen Akt anzulegen und diesem einen Umschlag mit gelber Farbe zu geben (§§ 88 und 89 a.a.O.);
3. den Akt dem Richter vorzulegen;
4. die dem Antrage beiliegenden Zins-, Renten- oder Gewinnanteilscheine als Wertsachen zu behandeln;[1]
5. die Einhebung des Gebühren- und Kostenvorschusses zu betreiben (Teil VI 11).

5. Abschnitt.

Die Entscheidung über Einleitung des Aufgebotsverfahrens.

I. Das Gericht hat den Antrag auf Einleitung des Aufgebotsverfahrens nach allen Richtungen zu prüfen.

Die Prüfung hat sich insbesondere darauf zu erstrecken, ob der Antrag alle erforderlichen Angaben enthält, ob die Urkunde überhaupt für kraftlos erklärt werden kann, ob die Voraussetzungen der §§ 1010—1015 CPO. gegeben sind, ob die Antragsberechtigung sowie der Verlust der Urkunde genügend glaubhaft gemacht ist.

II. Das Gericht kann durch Zwischenverfügungen die Vervollständigung des Antrags herbeiführen.

Diese Zwischenverfügungen können zum Gegenstand haben:

1. Die Veranlassung der Parteitätigkeit zur Ergänzung des Antrags, z. B.:

Vervollständigung der erforderlichen Angaben, Vorlage bezw. Ergänzung der Zeugnisse des Ausstellers, Vorlage

---

[1]) Es dürfte zweckmäßig sein, wenn der Richter die Vorlegung der Scheine im Akte vermerkt und diese baldtunlichst zurückgibt.

der Vollmachten, der Vertretungsnachweise, der Zinsscheine, Glaubhaftmachung, richtige Fassung des Antrags.

2. Die gerichtliche Tätigkeit in Bezug auf die angebotene Glaubhaftmachung, z. B.:

Vernehmung von Zeugen und Sachverständigen, Urkunden- oder Aktenbeiholung, Augenscheinseinnahme, Zulassung und Abnahme eidesstattlicher Versicherungen.[1])

Das Gericht kann sich des Ersuchens um Rechtshülfe bedienen (§ 157 ff. GVG.).

Der Grundsatz sofortiger Beweisführung (§ 294 Abs. 2 CPO.) ist in diesem Verfahren nicht anzuwenden.

III. Bei Unzulässigkeit des Antrags hat das Gericht durch Beschluß die kostenfällige Abweisung des Antrags auszusprechen.[2])

Der Beschluß kann ohne vorgängige mündliche Verhandlung erlassen werden.

Er ist dann dem Antragsteller von Amts wegen zuzustellen. (§ 329 Abs. 3 CPO.)[3])

Gegen den abweisenden Beschluß ist die einfache Beschwerde zum Landgerichte zulässig. (§ 567 CPO.; Begr. Entw. CPO. S. 461 Hahn II/1 S. 481.) Das Amtsgericht kann selbst der Beschwerde abhelfen. (§§ 570, 571 CPO.)

IV. Ist der Antrag zulässig, so hat das Gericht durch Beschluß[4]) den Antrag zuzulassen, den Aufgebotstermin zu bestimmen, das Aufgebot anzuordnen und gegebenenfalls die Zahlungssperre zu verfügen.

Auch kann die Erklärung als Feriensache oder die Zulassung zum Armenrecht in diesem Beschlusse erfolgen.

In diesem Beschlusse kann gleichzeitig die Verbindung mehrerer Aufgebotssachen ausgesprochen werden. (§ 959 CPO.)[5])

Der Beschluß kann ohne vorgängige mündliche Verhandlung erfolgen; er ist dann dem Antragsteller von Amts wegen zuzu-

---

[1]) Bei Abnahme der eidesstattlichen Versicherung werden im allgemeinen die Bestimmungen der §§ 478 ff. CPO. anzuwenden sein; ein förmlicher Zulassungsbeschluß ist nicht nötig. (Gaupp-Stein, § 294 CPO. Anm. I 2; Petersen-Anger, § 294 CPO. Anm. 3; Seuffert, § 294 CPO. Anm. 3c.)

[2]) Begr. Entw. CPO. S. 460/461 Hahn II/1 S. 481.

[3]) Bezügl. der Zustellung siehe § 166 ff. CPO.; § 4 ff. der Gesch.Anw. f. Gerichtsschreiber.

[4]) Begr. Entw. CPO. S. 460/461 Hahn II/1 S. 481.

[5]) Die Verbindung mehrerer Aufgebotsfälle ist zur Ermäßigung der Bekanntmachungskosten für den einzelnen Betreff möglichst anzustreben. Doch wird der Richter aus praktischen Erwägungen gut tun, eine Erklärung des Antragstellers einzuholen, ob er im Interesse der Ermöglichung der Verbindung und der dadurch veranlaßten Kostenersparnis mit einer Zurückstellung der Erlassung des Aufgebots einverstanden ist.

stellen (§ 329 Abs. 3 CPO.); mit der Zustellung des Beschlusses ist die Ladung zum Termine verbunden.

6. Abschnitt.

Das Aufgebot.

I. Der Inhalt des Aufgebots.

Das Aufgebot hat zu enthalten:

Den Antragsteller (§ 947 Abs. 2 Ziff. 1 CPO.), die genaue Bezeichnung der Urkunde nach ihrem wesentlichen Inhalte mit allem, was zu ihrer vollständigen Erkennbarkeit erforderlich ist (§ 1007 Z. 1 CPO), den Aufgebotstermin nach Zeit und Ort (§ 947 Z. 4 CPO.), die Aufforderung an den Inhaber der Urkunde, bei Meidung der Kraftloserklärung der Urkunde (§ 1008 CPO.) spätestens im Aufgebotstermine seine Rechte bei dem Gericht anzumelden und die Urkunde vorzulegen, das Datum des Aufgebots, die Fertigung des Aufgebotsgerichts.

II. Die Bestimmung des Aufgebotstermins.

Bei Ansetzung des Aufgebotstermins sind zu beobachten:

1. Die Fristen der §§ 1010—1014 CPO. zum Schutze des gutgläubigen Inhabers der Urkunde. (Teil IV.)
2. Die Aufgebotsfristen des § 1015 CPO.:

a) Die Mindestgrenze ist:

α) Für Urkunden nach § 808 B.GB., zu denen Zins- oder Rentenscheine nicht ausgegeben sind, mit Ausnahme der Versicherungspolicen, ferner für die Hypothekenbriefe, sowie für die auf den Inhaber nicht ausgestellten Grund- und Rentenschuldbriefe:

Drei Monate, beginnend mit der ersten Einrückung in das für die Bekanntmachungen des Gerichts bestimmte Blatt (Amtsblatt).

(§§ 1023, 1024 CPO., Art. 69a AG. CPO. in d. Fassg. des Art. 166 Nr. XIV AG. B.GB.)[1])

β) Für alle anderen Urkunden, einschließlich der mit Zins- oder Rentenscheinen versehenen Papiere nach § 808 B.GB., der Versicherungspolicen und der auf den Inhaber ausgestellten Grund- und Rentenschuldbriefe:

Sechs Monate, beginnend mit der ersten Einrückung im Deutschen Reichsanzeiger.

(§§ 1015 Satz 1, 950 CPO.; Art. 69a Abs. 1 und 4 AG. CPO.)

b) Die Höchstgrenze dieser Frist ist für das Aufgebot aller Urkunden auf ein Jahr festgesetzt und berechnet sich, wie

[1]) K. d. A. 1898/1899 Bd. XX Beil. B. S. 115.

unter a nach der ersten Bekanntmachung im Amtsblatte bezw. im Deutschen Reichsanzeiger.[1])

3. Die Vorschriften über die Gerichtsferien:

Ist das Aufgebotsverfahren nicht als Feriensache erklärt, dann darf der Termin nicht während der Gerichtsferien stattfinden. (§ 202 ff. GVG.)

Der Lauf der Aufgebotsfristen wird jedoch durch die Gerichtsferien nicht gehemmt; auf diese s.g. uneigentlichen Fristen findet § 223 CPO. keine Anwendung.[2])

III. Die Veröffentlichung des Aufgebots.

1. Das Aufgebot ist öffentlich bekannt zu machen.

Die öffentliche Bekanntmachung des Aufgebots hat zu erfolgen:

a) Bei den oben II 2 a α bezeichneten Urkunden: durch Anheftung an die Gerichtstafel und durch zweimaliges Einrücken in das Amtsblatt. (§§ 1023, 1024 CPO., Art. 69a AG. CPO.) — Das Gericht kann anordnen, daß die Bekanntmachung noch in anderen Blättern erfolgen soll. (a.a.O.)[3])

b) Bei den oben II 2 a β bezeichneten Urkunden: durch Anschlag an der Gerichtstafel und im Börsenlokale, wenn eine solche am Sitze des Gerichts besteht ferner durch dreimaliges Einrücken je im Deutschen Reichsanzeiger und im Amtsblatte. (§§ 1009, 204 Abs. 2 CPO., Art. 69a Abs. 1 u. 4 AG. CPO.) — Das Gericht kann anordnen, daß die Bekanntmachung noch in anderen Blättern und zu mehreren Malen erfolge. (a.a.O.)

Betrifft das Aufgebot ein auf den Inhaber lautendes oder nach § 808 B.GB. ausgestelltes Papier und ist in der Urkunde vermerkt oder in den Bestimmungen, unter denen die erforderliche staatliche Genehmigung erteilt

---

[1]) Für diese Berechnung der Frist spricht die vom Gesetzgeber beabsichtigte Beseitigung der Gefahr, daß die Bekanntmachung des Aufgebotstermins unverhältnismäßig lange Zeit vor diesem erfolgt und deshalb ihren Zweck verfehlt. (Bgr. Nov. CPO. S. 203 Hahn VIII S. 181.) In Art. 6 Abs. 1 des bayer. Gesetzes vom 18. März 1896 war als Anfangspunkt dieser Frist ausdrücklich die erste Bekanntmachung im Deutschen Reichsanzeiger bestimmt (K. d. A. 1895/1896 Bd. VII. Beil. 426 S. 688). Auf diese Bestimmung verweist die Begründung zur Novelle. Dagegen: Gaupp-Stein, § 1015 CPO.

[2]) Gaupp-Stein, § 214 CPO. Vorbem. B. II S. 451 Seuffert § 214 CPO 2 Vorbem. B. II n. S. 295.

[3]) K. d. A. 1898/1899 Bd. XX. Beil. B. S. 115. Nach dem Wortlaute des Art. 69a Abs. 2 AG. CPO. hat § 1009 Abs. 3 CPO. keine Berücksichtigung zu finden; jedenfalls aber wird der Aufgebotsrichter gut daran tun, in der ihm überlassenen Anordnung der Bekanntmachung in weiteren Blättern den Bestimmungen der Urkunde Rechnung zu tragen.

worden ist, vorgeschrieben, daß die öffentliche Bekanntmachung durch bestimmte andere Blätter zu erfolgen habe, so muß die Bekanntmachung auch durch Einrückung in diese Blätter erfolgen. Das gleiche gilt für Schuldverschreibungen, die von einem Bundesstaate ausgegeben sind, wenn die öffentliche Bekanntmachung durch bestimmte Blätter landesgesetzlich vorgeschrieben ist. (§§ 1009 Abs. 3, 1023 CPO.)[1])

2. Die Anheftung an der Gerichtstafel bezw. im Börsenlokal ist auf die Zeitdauer von zwei Wochen anzuordnen (§ 206 Abs. 2 CPO). Auf die Gültigkeit der Bekanntmachung hat es keinen Einfluß, wenn das anzuheftende Schriftstück vom Orte der Anheftung zu früh entfernt wird. (§ 949 CPO.)

   Die Anheftung einer beglaubigten Ausfertigung des Beschlusses an der Gerichtstafel und die Abnahme hat der Gerichtsschreiber zu besorgen; der Tag der Anheftung und Abnahme sind von ihm unter Beifügung seiner Unterschrift auf der angehefteten Ausfertigung des Beschlusses zu vermerken. (§ 14 IV Gesch.Anw.)

3. Die Anordnung der Bekanntmachung hat die Zwischenfristen zu enthalten. Eine Nichteinhaltung dieser Zwischenfristen beeinflußt die Gültigkeit der Bekanntmachung nicht. (§ 949 CPO.)

   Bezüglich der Tätigkeit des Gerichtsschreibers bei Vollzug der Bekanntmachungsanordnung wird auf die Geschäftsanweisung für die Gerichtsschreibereien verwiesen. (§ 14 V u. VI Gesch.Anw.)

4. Bei Verbindung mehrerer Aufgebotsfälle wird der Richter in Hinblick auf die Verschiedenartigkeit der Bekanntmachungsblätter und der Aufgebotsfristen die Verbindung nur für solche Fälle aussprechen, für die ein gleichartiges Verfahren vorgeschrieben ist. Es werden also einerseits die nach der Civilprozeßordnung, andererseits die nach dem Ausführungsgesetze zu behandelnden Fälle je gesondert zusammenzufassen sein.

5. Unterlaufen in der Bekanntmachung Druckfehler,[2]) die die Erkennbarkeit der Urkunde wesentlich beeinträchtigen,

[1]) Vgl. § 18 der Reichsschuldenordnung v. 19. III. 1900 u. § 8 Abs. 3 des Reichsbankstatuts in der Fassung v. 3. IX. 1900.

[2]) Der D. R.-Anz. bringt Berichtigungen, die durch ein Versehen des Gerichts oder der Gerichtsschreiberei veranlaßt wurden, auf Verlangen unentgeltlich, wenn die Berichtigung als solche ausdrücklich bezeichnet und das amtliche Versehen bestätigt wird.

so ist darauf zu achten, daß zwischen der Bekanntmachung der Berichtigung und dem Aufgebotstermine die Mindestaufgebotsfrist liegt. Sollte eine so rechtzeitige Bekanntmachung der Berichtigung nicht möglich sein, so müßte die Verbindung des Betreffs, in dem der Druckfehler unterlief, mit den anderen Betreffen beschlußmäßig aufgehoben, unter Absetzung des Aufgebotstermins für diesen Betreff ein neuer Aufgebotstermin angesetzt, der Antragsteller und die Beteiligten zu dem neuen Termine geladen und das Aufgebot mit dem neuen Termine wie jedes neue Aufgebot unter Einhaltung der vorgeschriebenen Fristen wiederholt bekannt gemacht werden.

In welchen Fällen durch einen Druckfehler die Erkennbarkeit der Urkunde wesentlich beeinträchtigt wird, ist Tatfrage. Da aber ein wesentlicher Mangel der Bekanntmachung die Anfechtbarkeit des Ausschlußurteils begründen würde (§ 957 Z. 2 u. 3 CPO.), wird sich der Aufgebotsrichter auf den strengeren Standpunkt stellen müssen. Insbesondere ist im Auge zu behalten, daß ein Fehler, der zwar für den Aussteller oder einen geschäftsgewandten Bankier sofort erkennbar ist, z. B. eine falsche Serienbezeichnung, doch den Besitzer der Urkunde irreführen und von der Anmeldung seiner Rechte abhalten kann.

6. Die Vorschrift der Benachrichtigung der Kgl. Staatsschuldentilgungskommission vom Aufgebote bayerischer Staatsschuldverschreibungen auf den Inhaber (Verordnung vom 18. März 1896 FMBl. S. 113) dürfte immer noch Beobachtung zu finden haben.

IV. Die Veröffentlichung der Erledigung des Aufgebotsverfahrens.

Eine Veröffentlichung der Erledigung des Aufgebotsverfahrens ist nur im Zusammenhange mit der Aufhebung der Zahlungssperre vorgeschrieben. (§ 1002 Abs. 1. Satz 3 CPO; siehe Teil VIII Z. VI.)

V. Die Tätigkeit des Gerichtsschreibers nach Erlassung des Aufgebots.

Der Gerichtsschreiber hat:

1. für die Veröffentlichung des Aufgebots oder der Erledigung des Aufgebotsverfahrens Sorge zu tragen und die Einhaltung der Zwischenfristen zu überwachen (III 1 u. IV);
2. die Anheftung des Aufgebots an der Gerichtstafel vorzunehmen (III 2);
3) die Anheftung des Aufgebots im Börsenlokale zu veranlassen (III 2);

4. die Zustellung des Aufgebotsbeschlusses zu besorgen;
5. die Verständigung der k. Staatsschuldentilgungskommission zu vollziehen (III 6);
6. den Aufgebotstermin im Geschäftskalender einzutragen (§ 85 II Gesch.Anw).;
7. die Verbindung der Betreffe im Prozeßregister zu vermerken und trotz der Verbindung die einzelnen Aufgebotsanträge als gesonderte Sachen zu behandeln (§ 76 III Gesch.Anw.).

7. Abschnitt.

Die Anmeldung von Rechten und Ansprüchen im Aufgebotsverfahren.

Im Laufe des Aufgebotsverfahrens können Rechte und Ansprüche angemeldet werden.

I. Die Form der Anmeldung.

Die Anmeldung kann schriftlich oder zu Protokoll des Gerichtsschreibers erfolgen. Eine Anmeldung beim Antragsteller hat keinen Einfluß auf das Verfahren.

II. Der Zeitpunkt der Anmeldung.

Die Anmeldung kann erfolgen:

1. vor dem Aufgebotstermine: § 1008 CPO. verlangt die Anmeldung „spätestens" im Aufgebotstermine;
2. im Aufgebotstermine (§ 1008 CPO.);
3. nach dem Aufgebotstermine vor Erlassung des Ausschlußurteils (§ 951 CPO.), „weil bis zur Erlassung des Ausschlußurteils die Verhandlung über den Antrag auf Erlaß desselben nicht als geschlossen gelten kann". (Begr. Entw. CPO. S. 462 Hahn II/1 S. 482.)

III. Der Zweck der Anmeldung.

Das Aufgebotsverfahren hat nur die Bestimmung der gesetzlichen Rechtsnachteile gegen alle diejenigen festzusetzen, die sich nicht gemeldet haben. (Begr. Entw. CPO. S. 463/464 Hahn II/1 S. 483). Die Anmeldung kann also nicht die Verwirklichung der Ansprüche des Anmeldenden bezwecken, sondern nur den Erfolg anstreben, daß die Kraftloserklärung der Urkunde nicht oder nur unter Vorbehalt der angemeldeten Rechte erfolgt. (§ 953 CPO.)

Die Anmeldung bringt dem Gerichte die Grundlagen zur Prüfung, ob die Voraussetzungen für die Erlassung des Ausschlußurteils gegeben sind. Einer Begründung oder des Nachweises der angemeldeten Rechte bedarf es deshalb nicht.[1])

---

[1]) Gaupp-Stein, § 951; Daude, § 8 Z. 3 S. 27/28.

IV. Der Inhalt und die Wirkung der Anmeldung.

1. Die Anmeldung kann einen Widerspruch gegen das Verfahren auf Grund solcher Umstände enthalten, die schon bei Erlaß des Aufgebots zu berücksichtigen gewesen wären.

Stellt sich darnach der Antrag auf Erlaß des Ausschlußurteils schon äußerlich, und ohne daß es der Entscheidung eines Streites bedarf, als unbegründet dar, so ist der Antrag durch Beschluß zurückzuweisen, da es sich nicht bloß um den Widerspruch des Anmeldenden, sondern auch um die Zulässigkeit des Ausschlußurteils gegen alle übrigen Beteiligten handelt.

(Begr. Entw. CPO. S. 463 Hahn II/1 S. 483).

2. Die Anmeldung kann die Geltendmachung der Rechte aus der Urkunde enthalten und zur Anerkennung dieser Rechte seitens des Antragstellers führen: z. B. die Urkunde wird vorgelegt und anerkannt.

In diesem Falle wird sich das Verfahren in der Regel durch Zurücknahme des Antrags erledigen;[1]) andernfalls müßte der Antrag mangels einer wesentlichen Voraussetzung für die Kraftloserklärung — des Abhandenseins — abgewiesen werden.

3. Die Anmeldung kann die Bestreitung der vom Antragsteller zur Begründung des Antrags behaupteten Rechte unter Behauptung eines eigenen besseren Rechtes aus der Urkunde zum Gegenstande haben (§ 953 CPO.): z. B. ein Dritter bestreitet mit der Behauptung eines besseren Rechtes an der Urkunde die Legitimation des Antragstellers.

Das Aufgebotsgericht kann den Rechtsstreit nicht selbst entscheiden (Begr. Entw. CPO. S. 463/464, S. 469 Hahn II/1 S. 483, 488), vielmehr ist nach Beschaffenheit des Falles entweder a): das Aufgebotsverfahren bis zur endgültigen Entscheidung über das angemeldete Recht durch das Prozeßgericht auszusetzen oder b): das angemeldete Recht im Ausschlußurteile vorzubehalten.

4. Die angemeldeten Ansprüche können auch derart sein, daß sie weder die Befugnis des Antragstellers, das Aufgebot zu beantragen, noch das von ihm behauptete Recht in Frage stellen. Es behauptet z. B. der Anmeldende nur ein Forderungsrecht auf die Urkunde, kein dingliches Recht an der Urkunde.

---

[1]) Begr. Entw. CPO. S. 463 Hahn II/1 S. 483.

Solche Anmeldungen haben nur zur Folge, daß die Ansprüche von dem im übrigen auszusprechenden Eintritte der mit Recht angedrohten Rechtsnachteile auszunehmen sind. (Begr. Entw. CPO. S. 463 Hahn II/1 S. 483.)

8. Abschnitt.

Der Aufgebotstermin.

I. Der Vortermin zur Urkundenvorlage.

Meldet der Inhaber der Urkunde vor dem Aufgebotstermine seine Rechte unter Vorlegung der Urkunde an, so hat das Gericht den Antragsteller hiervon zu benachrichtigen und ihm die Einsicht der Urkunde innerhalb einer zu bestimmenden Frist zu gestatten. Auf Antrag des Inhabers der Urkunde ist zur Vorlegung derselben ein Termin zu bestimmen. (§ 1016 CPO.)

II. Der Aufgebotstermin.

1. Der Aufgebotstermin ist eine öffentliche mündliche Verhandlung, auf die die allgemeinen Grundsätze der Civilprozeßordnung und des Gerichtsverfassungsgesetzes Anwendung finden. (CPO. §§ 136—145, 148 ff.; GVG.: §§ 170, 173—193.)

   Uber die Verhandlung ist Protokoll zu führen (§§ 159 ff., 509 CPO., § 24 ff. Gesch.Anw.).

2. Ist der Antragsteller erschienen, so hat er den Antrag auf Erlassung des Ausschlußurteils zu stellen, soweit dies nicht schon schriftlich geschehen ist.

   Das Gericht kann in Ausübung seines Ermittelungsrechts vom Antragsteller Darlegungen und Nachweise über die Voraussetzungen des Aufgebots und des Ausschlußurteils verlangen. (§§ 139, 503 CPO.)

   Sind vor dem Termin Anmeldungen erfolgt oder tritt im Termine jemand unter Anmeldung von Rechten auf, so erstreckt sich die Verhandlung auch auf die Anmeldungen. Insbesondere ist über die Anerkennung der Echtheit der vorgelegten Urkunde zu verhandeln. Das Gericht hat die Anmeldungen auch ohne Erscheinen des Anmeldenden im Termine zu berücksichtigen und kann aus diesen Anmeldungen Anlaß zu weiteren Ermittelungen und Erhebungen entnehmen. Eine Ladung des Anmeldenden zum Termine findet nicht statt, da der Anmeldende durch das Aufgebot bereits Kenntnis vom Termine hat.

3. Ist der Antragsteller im Termine nicht erschienen, so kann die Entscheidung des Gerichts geradeso,

wie wenn der Antragsteller erschienen wäre, erfolgen, vorausgesetzt, daß der Antrag auf Erlassung des Ausschlußurteils bereits vor dem Termine schriftlich gestellt ist. (§ 952 Abs. 2 CPO.) Auch ein im Termine einlaufender schriftlicher Antrag wird in gleicher Weise Berücksichtigung zu finden haben. (Gaupp-Stein § 952 CPO. Anm. I/3.)

4. Die zur Begründung des Antrags auf Erlaß des Ausschlußurteils vorzulegenden Zeugnisse des Ausstellers (§§ 1010 Abs. 2 u. 1011 Abs. 2 CPO.) können im Aufgebotstermin übergeben werden.

   Ihre Einreichung ist aber auch nach dem Termine bis zur Erlassung des Ausschlußurteils zulässig. (Daude S. 79.)

5. Der Aufgebotstermin kann vertagt werden, gleichgültig ob der Antragsteller erschienen ist oder nicht.

   Die Vertagung ist nicht öffentlich bekannt zu machen; sie ist im Termine durch Beschluß zu verkünden; unterbleibt die Verkündung im Termine, so sind die sämtlichen Beteiligten von Amts wegen zum neuen Termine zu laden.

6. Die Verkündung der Entscheidung — Zwischenverfügung, Abweisungs- oder Aussetzungsbeschluß, Ausschlußurteil — kann im Aufgebotstermin erfolgen. (§§ 309—312 CPO.)

   Die Verkündung ist zu protokollieren. (Gesch.Anw. § 25/III).

7. Ergeben sich bei Verbindung mehrerer Sachen bezügl. eines einzelnen Betreffs Beanstandungen, so wird die beschlußmäßige Aufhebung der Verbindung zum Zwecke der Erlassung einer gesonderten Entscheidung zweckmäßig sein.

III. Das Ruhen des Verfahrens.

Ist bis zum Schlusse des Aufgebotstermins der Antrag auf Erlassung des Ausschlußurteils nicht gestellt bezw. eingereicht, so ruht das Verfahren. Auf Antrag des Antragstellers ist jedoch ein neuer Termin zu bestimmen, wenn dieser Antrag binnen einer vom Tage des Aufgebotstermins laufenden Frist von sechs Monaten erhoben wird (§ 954 CPO.). Der neue Termin ist nicht öffentlich bekannt zu machen.

Nach Ablauf dieser sechsmonatlichen Frist gilt das Verfahren als beendet; der Antragsteller ist auf die Erhebung eines neuen Aufgebotsantrags angewiesen.

(Begr. Entw. CPO. S. 463 Hahn II/1 S. 483; Prot. Kom. CPO. 1. Lesg. S. 436/437 Hahn II/1 S. 879.)

9. Abschnitt.

Die Entscheidung.

I. Die Zwischenverfügungen.

Vor Erlassung des Ausschlußurteils kann eine nähere Ermittelung, insbesondere die Versicherung der Wahrheit einer Behauptung des Antragstellers an Eidesstatt angeordnet werden. (§ 952 Abs. 3 CPO.)

Auch andere Arten der Beweiserhebung zum Zwecke der Glaubhaftmachung sind zulässig; der Grundsatz sofortiger Beweisführung (§ 294 Abs. 2 CPO.) gilt für dieses Verfahren nicht.[1])

II. Der Aussetzungsbeschluß.

Wird durch eine Anmeldung das vom Antragsteller zur Begründung des Antrags behauptete Recht bestritten, so kann durch Beschluß das Aufgebotsverfahren bis zur endgültigen Entscheidung über das angemeldete Recht ausgesetzt werden. (§ 953 CPO.)

Es ist Sache des richterlichen Ermessens, ob nach Beschaffenheit des Falles ein Aussetzungsbeschluß ergehen soll oder das Ausschlußurteil unter Vorbehalt des Rechtes zu fällen ist.

Gegen Erlassung des Aussetzungsbeschlusses ist die einfache, gegen Abweisung des Aussetzungsantrags die sofortige Beschwerde zulässig (§ 252 CPO.), vorausgesetzt, daß nicht durch Fällung des Ausschlußurteils diese Beschwerde gegenstandslos wird.[2])

III. Der Abweisungsbeschluß.

Liegen die Voraussetzungen für die Kraftloserklärung nicht vor, so ist durch Beschluß die Abweisung des Antrags auf Erlassung des Ausschlußurteils auszusprechen.

Es können dabei in Betracht kommen:

a) Mängel, die bei Erlassung des Aufgebots vorlagen und dieses ungerechtfertigt erscheinen lassen, sei es, daß diese Mängel von vornherein bekannt waren, sei es, daß sie erst im Laufe des Aufgebotsverfahrens durch Anmeldungen bekannt wurden;
b) Mängel, die erst im Laufe des Verfahrens entstanden, z. B. durch nachträgliches Auffinden der Urkunde oder durch Zinsabhebungen Dritter (§ 1011 Abs. 2 CPO.);
c) Mängel des Verfahrens selbst, z. B. Verletzung der Aufgebotsfristen.

Der Beschluß hat im Kostenpunkt Entscheidung zu treffen.

Gegen den Beschluß gibt es das Rechtsmittel der binnen 2 Wochen einzulegenden sofortigen Beschwerde. (§ 952 Abs. 4 CPO.)

IV. Das Ausschlußurteil.

1. Die Voraussetzung des Ausschlußurteils.

Voraussetzung für die Erlassung des Ausschlußurteils ist:

[1]) Daude, § 9 S. 31; Gaupp-Stein, § 952 CPO. Anm. I 1 Abs. 2.
[2]) Gaupp-Stein, § 953 CPO. Anm. II letzter Absatz; Petersen-Anger, § 953 CPO. Anm. 3.

ein rechtzeitig und formgerecht gestellter Antrag auf Erlassung des Ausschlußurteils, die materielle Zulässigkeit der Kraftloserklärung und die Beobachtung aller Formvorschriften über das Aufgebotsverfahren.

2. Der Inhalt des Ausschlußurteils.

Auf das Ausschlußurteil finden, soweit nicht besondere Bestimmungen getroffen sind, die allgemeinen Vorschriften der Civilprozeßordnung über das Urteil entsprechende Anwendung.

Das Ausschlußurteil hat sich dem § 313 CPO. anzupassen und insbesondere Urteilsformel (Tenor), Tatbestand und Gründe zu enthalten.

a) Die Urteilsformel teilt sich in die Entscheidung:

α) der Hauptsache:

aa) Es kann die Kraftloserklärung der Urkunde uneingeschränkt ausgesprochen werden;

bb) Es kann der Ausspruch der Kraftloserklärung durch Vorbehalte oder Beschränkungen bezw. Ausnahmen zu Gunsten eines angemeldeten Rechtes eingeschränkt werden.

β) des Kostenpunkts:

Sind nicht durch unbegründete Einwendungen eines Anmeldenden besondere Auslagen erwachsen, so sind die Kosten dem Antragsteller als dem Veranlasser des Verfahrens zu überbürden. (§ 91 ff. CPO., § 89 GKG.)[1])

b) Tatbestand und Gründe können zusammengefaßt werden; sie müssen die Nachprüfung aller Voraussetzungen für die Zulässigkeit der Kraftloserklärung unter Anführung der Gesetzesbestimmungen enthalten, sonach in Betracht ziehen: Zuständigkeit, Antragserhebung, Zulässigkeit der Kraftloserklärung für die betr. Art von Urkunden, Antragsberechtigung, Verlust, Aufgebot, Berechnung der Fristen, Zeugnisse, Einwendungen, Anmeldungen von Rechten u. s. w.

3. Die Bekanntmachung des Ausschlußurteils.

Das Ausschlußurteil ist seinem wesentlichen Inhalte nach öffentlich bekannt zu machen. (§ 1017 Abs. 2 CPO.)

Die Bekanntmachung einer Ausfertigung der Urteilsformel durch den Gerichtsschreiber wird in der Regel genügen.

Die Bekanntmachung hat zu erfolgen durch einmalige Einrückung in öffentliche Blätter und zwar:

---

[1]) Gaupp-Stein CPO. § 952 Anm. II 3, § 1017 Anm. I.

a) Bei Urkunden nach § 808 B.GB., zu denen Zins- oder Rentenscheine nicht ausgegeben sind, mit Ausnahme der Versicherungspolicen, ferner bei den Hypothekenbriefen, sowie bei den auf den Inhaber nicht ausgestellten Grund- und Rentenschuldbriefen:
in dem für die Bekanntmachungen des Gerichts bestimmten Blatte. (§§ 1023 und 1024 CPO.; Art. 69a AG. CPO.)

b) Bei allen anderen Urkunden einschließlich der mit Zins- oder Rentenscheinen versehenen Papiere nach § 808 B.GB., der Versicherungspolicen und der auf den Inhaber ausgestellten Grund- und Rentenschuldbriefe:
im Deutschen Reichsanzeiger. (§ 1017 Abs. 2 CPO.; Art. 69a AG. CPO.)

Ist in beiden Fällen a und b bei einem auf den Inhaber lautenden Papiere oder einem Papiere nach § 808 B.GB. in der Urkunde oder in den Bestimmungen, unter denen die erforderliche staatliche Genehmigung erteilt worden ist, vorgeschrieben, daß die öffentliche Bekanntmachung durch bestimmte andere Blätter zu erfolgen habe, so muß die Bekanntmachung auch durch Einrückung in diese Blätter erfolgen. Das gleiche gilt bei Schuldverschreibungen, die von einem Bundesstaate ausgegeben sind, wenn die öffentliche Bekanntmachung durch bestimmte Blätter landesgesetzlich vorgeschrieben ist. (§ 1017 Abs. 2 Satz 2, § 1009 Abs. 3, § 1023 CPO.)[1])

4. Die Tätigkeit des Gerichtsschreibers nach Erlassung des Ausschlußurteils.

Der Gerichtsschreiber hat:

a) Die Bekanntmachung des Ausschlußurteils zu besorgen (siehe Ziffer 3);

b) das Urteil anzuheften und zu siegeln (§ 28 I Gesch.Anw. und JMB. v. 2. X. 02., JMBl. S. 962), sowie mit dem Verkündungsvermerke zu versehen (§ 315 Abs. 3 CPO., § 26/II Gesch.Anw.);

c) das verkündete und vom Richter unterschriebene Urteil in ein Urteilsverzeichnis zu bringen, auf die Dauer von mindestens einer Woche auszuhängen und den Aushang auf der Urschrift des Urteils zu vermerken (§ 316 CPO., § 26/III und IV Gesch.Anw.);

d) auf Betreiben der Partei dieser Ausfertigungen, Abschriften oder Auszüge zu erteilen (§ 299 CPO.); diese Erteilung darf von Erlage eines Vorschusses für die Schreibgebühren, nicht aber von Zahlung anderer Kosten

---

[1]) Bezügl. der Reichsschuldverschreibungen und Reichsschatzanweisungen: § 18 d. Reichsschuldenordnung v. 19. III. 1900; bezügl. der Reichsbankanteilscheine: § 8 Abs. 3 d. Reichsbankstatuts in der Fassung vom 3. IX 1900.

abhängig gemacht werden (§ 28/III Gesch.Anw.; §§ 3, 97 GKG.);[1])

e) auf Anordnung des Richters gem. § 1 der Allh. Verordnung vom 18. März 1896, JMBl. S. 113, der kgl. bayerischen Staatsschuldentilgungskommission von dem Erlasse und der Aufhebung eines Ausschlußurteils bezügl. der auf den Inhaber lautenden bayerischen Staatsschuldverschreibungen Kenntnis zu geben.[2])

5. Die Rechtsmittel gegen das Ausschlußurteil.

Soweit durch das Ausschlußurteil die Kraftloserklärung der Urkunde ausgesprochen wird, findet gegen dieses Urteil kein Rechtsmittel statt. (§ 957 Abs. 1 CPO.)

Soweit aber das Ausschlußurteil unter Vorbehalt oder Ausnahme bezw. Beschränkung zu Gunsten der angemeldeten Rechte Dritter erfolgt, kann das Urteil durch sofortige Beschwerde angefochten werden. (§§ 952 Abs. 4, 577 CPO.)

10. Abschnitt.

Die Anfechtungsklage.

Das Ausschlußurteil kann bei dem Landgerichte, in dessen Bezirke das Aufgebotsgericht seinen Sitz hat, mittels einer gegen den Antragsteller zu erhebenden Klage angefochten werden. (§ 957 Abs. 2 CPO.)

„Das Aufgebotsverfahren will unklare, schwierige Verhältnisse lösen durch Erreichung eines formalen Resultats, zu welchem Ende die dem Aufgebotsrichter nachgewiesene Wahrscheinlichkeit mit fruchtlosem Ablaufe der Anmeldungsfrist zur Gewißheit erhoben wird.“ (Bgr. Entw. CPO. S. 464 Hahn II/1 S. 484).

Die Anfechtung des Ausschlußurteils konnte daher nur in beschränktem Maße zugelassen werden.[3])

1. Die Anfechtungsklage ist auf bestimmte Fälle beschränkt und nur zulässig:

a) Wenn ein Fall nicht vorlag, in welchem das Gesetz das Aufgebotsverfahren zuläßt.

Beispiel: Die Urkunde kann überhaupt nicht für kraftlos erklärt werden; der Antragsteller ist nicht antragsberechtigt.

---

[1]) Erscheint bei Verbindung mehrerer Betreffe eine Vervielfältigung des Urteils angezeigt, so wird der Gerichtsschreiber die Ausfertigungen des Urteils den Antragstellern in der Annahme eines stillschweigenden Auftrags gegen Nachnahme zusenden können.

[2]) Die Verordnung vom 18. März 1896 ist nicht ausdrücklich aufgehoben; ihre Beobachtung in dieser Richtung erscheint deshalb zweckmäßig.

[3]) Bezüglich der einzelnen Streitfragen muß auf die Kommentare zur CPO. verwiesen werden; es können nur die wichtigsten Gesichtspunkte Erwähnung finden.

Es ist aber zu beachten, daß jede Nachprüfung des dem Aufgebotsrichter vorgelegenen Materials und seiner Erwägungen, selbst wenn sie nachgewiesenermaßen auf Irrtum beruhen sollten, ausgeschlossen ist.[1])

b) Wenn die öffentliche Bekanntmachung des Aufgebots oder eine in dem Gesetze vorgeschriebene Art der Bekanntmachung unterblieben ist.

Auch eine in der Urkunde vorgeschriebene Art der Bekanntmachung, deren Berücksichtigung durch das Gesetz vorgeschrieben ist, fällt unter diese Bestimmung. (Vergl. § 1009 Abs. 3, 1023 CPO.)

Die Unterlassung einer erforderlichen besonderen Benachrichtigung bekannter Interessenten kann einen Verstoß gegen diese Vorschriften begründen. (Begr. Entw. CPO. S. 465 Hahn II/1 S. 484).

c) Wenn die vorgeschriebene Aufgebotsfrist nicht gewahrt ist.

Die Nichtbeachtung der Zwischenfristen oder verfrühte Abnahme des Aufgebots von der Gerichtstafel begründet die Anfechtung nicht. (§ 949 CPO.)

Die Nichtbeachtung der Fristen der §§ 1010—1014 CPO. ist dem Falle a einzureihen.

d) Wenn der erkennende Richter von der Ausübung des Richteramts kraft Gesetzes (§ 41 ff. CPO.) ausgeschlossen war.

Der Richter, der das Aufgebot erläßt, ist nicht erkennender Richter.

e) Wenn ein Anspruch oder ein Recht ungeachtet der erfolgten Anmeldung nicht dem Gesetze gemäß im Urteile berücksichtigt ist.

f) Wenn die Voraussetzungen vorliegen, unter welchen die Restitutionsklage wegen einer strafbaren Handlung stattfindet. (§§ 580, 581 CPO.)

2. Die Erhebung der Anfechtungsklage ist *zeitlich beschränkt*:

a) Die Anfechtungsklage ist binnen der Notfrist eines Monats zu erheben. Die Frist beginnt mit dem Tage der Kenntnisnahme des Klägers vom Ausschlußurteile, in einigen Fällen mit dem Tage, an dem der Anfechtungsgrund dem Kläger bekannt geworden ist. (§ 958 Abs. 1 CPO.)

b) Nach Ablauf von zehn Jahren, von dem Tage der Verkündung des Ausschlußurteils an gerechnet, ist die Klage unstatthaft. (§ 958 Abs. 2 CPO.)

[1]) Begr. Entw. CPO. S. 464 Hahn II/1 S. 484.

3. Die Wirkung der Anfechtungsklage ist beschränkt:
a) Die Anfechtung hat die Aufhebung des Urteils nur insoweit, als dasselbe den Kläger berührt, zur Folge.
Welchen Einfluß diese Aufhebung auf die den Ausschluß des Klägers voraussetzenden Rechte Dritter hat, ist nach den Grundsätzen des materiellen Rechtes zu bestimmen. (Begr. Entw. CPO. S. 466 Hahn II/1 S. 485.)
b) Wird das Ausschlußurteil infolge einer Anfechtungsklage aufgehoben, so bleiben die auf Grund des Urteils von dem Verpflichteten bewirkten Leistungen auch Dritten, insbesondere dem Anfechtungskläger, gegenüber wirksam, es sei denn, daß der Verpflichtete zur Zeit der Leistung die Aufhebung des Ausschlußurteils gekannt hat. (§ 1018 Abs. 2 CPO.)

11. Abschnitt.

Die Kosten des Verfahrens.

1. Das Ausschlußurteil oder der Beschluß, durch den der Antrag auf Erlassung des Aufgebots oder des Ausschlußurteils abgewiesen wird, hat über die Pflicht zur Kostentragung eine Entscheidung zu fällen.
Die allgemeinen Bestimmungen der §§ 91 ff. CPO. über die Kostentragung finden entsprechende Anwendung.
Die Kosten sind in der Regel dem Antragsteller als dem Veranlasser des Verfahrens zu überbürden. (§ 89 GKG.; Gaupp-Stein, § 952 CPO. Anm. II 3, § 1017 Anm. I; Daude, § 13 S. 50 Anm. 6.) Soweit jedoch durch eine unbegründete Anmeldung von Rechten und Ansprüchen seitens eines Dritten besondere Kosten erwachsen, können diese dem Dritten überbürdet werden. (§§ 91, 95, 96 CPO.)
Bei Verbindung mehrerer Aufgebotssachen wird die Kostentragung soweit ausscheidbar nach Maßgabe der Beteiligung, im übrigen nach Kopfteilen auszusprechen sein. Auszuscheiden sind insbesondere die nach dem Gegenstandswerte sich berechnenden Gebühren; auch die Kosten der Einrückung in die öffentlichen Blätter werden nach dem Umfange des für den einzelnen Betreff besonders benötigten Raumes gesondert zu berechnen sein.
2. Für die Berechnung der Gerichtskosten kommen die allgemeinen Bestimmungen des Gerichtskostengesetzes (§§ 1—7, 98 ff.), ferner die besonderen Bestimmungen über Gebühren (§ 8 ff.), Auslagen (§ 79 ff.), Kostenvorschuß und Kostenzahlung (§ 81 ff.) zur Anwendung.

Im einzelnen ist hervorzuheben:

a) Es ist ein Gebührenvorschuß und ein Kostenvorschuß für die baren Auslagen zu zahlen (§§ 81, 84 Abs. 1 GKG.), aber die Einleitung und Durchführung des Verfahrens darf von der Bezahlung dieses Gebühren- und Kostenvorschusses nicht abhängig gemacht werden. (§ 3 GKG.)

Die Ladung und Vernehmung von Zeugen und Sachverständigen kann von der vorgängigen Zahlung eines zur Deckung der erwachsenden Auslagen hinreichenden Vorschusses (§ 84 Abs. 3 GKG.), die Anfertigung von Abschriften und Ausfertigungen, die nicht von Amts wegen zu erteilen sind, von vorgängiger Zahlung eines die Schreibgebühr deckenden Betrags abhängig gemacht werden. (§ 97 GKG.)

b) Die Gebührensätze für das Aufgebotsverfahren in erster Instanz sind in § 44 GKG. festgelegt und zwar wird je ein Zehntel der vollen Gebühr des § 8 GKG. erhoben:

α) für die Entscheidung über die Zulässigkeit des Antrags auf Erlassung des Aufgebots;
β) für die vor der Einleitung des Aufgebotsverfahrens erfolgende Entscheidung über den Antrag auf Anordnung der Zahlungssperre;
γ) für die Verhandlung im Aufgebotstermine;
δ) für die Endentscheidung.

Für die Zurücknahme des Antrags vor einem gebührenpflichtigen Akte wird ein Zehntel dieser Zehntelsgebühr erhoben. (§ 46 GKG.)

Eine Zusammenstellung der Gebührensätze findet sich im Anhange.

Die Gebührensätze in der Beschwerdeinstanz berechnen sich nach § 45 GKG.: Drei Zehntel der vollen Gebühr nach § 8 GKG. werden erhoben soweit die Beschwerde als unzulässig verworfen oder zurückgewiesen wird oder die Kosten des Verfahrens einem Gegner zur Last fallen. Insoweit dies nicht der Fall ist, werden Gebühren nicht erhoben.

c) Auf die Wertberechnung finden die allgemeinen Grundsätze des § 9 GKG. und § 3 ff. CPO. Anwendung.

Die Wertberechnung wird zu Grunde legen: bei Wertpapieren, die einen börsenmäßigen Wert haben, diesen Wert; soweit dies nicht der Fall ist, bei Schuldurkunden den Betrag der beurkundeten Forderung, bei Urkunden über Gesellschaftsbeteiligungen den Nennbetrag (Nominalbetrag); bei Depositenscheinen den Wert des Depots; bei Versicherungspolicen den Betrag der Versicherungssumme; bei Rentenscheinen den kapitalisierten Wert der Rente.

3. Die Anwaltsgebühren berechnen sich nach § 40 der Gebührenordnung der Rechtsanwälte vom 7. Juli 1879 in der Fassung vom 20. Mai 1898. In Ansatz zu bringen sind für die Prozeßvertretung und Verbeistandung des Antragstellers je drei Zehnteile der Gebührensätze des § 9 der Gebührenordnung:
   α) Für den Betrieb des Verfahrens einschließlich der Information;
   β) für den Antrag auf Erlaß des Aufgebots;
   γ) für den Antrag auf Anordnung der Zahlungssperre, sofern dieser vor dem Antrag auf Erlaß des Aufgebots gestellt wird;
   δ) für die Wahrnehmung des Aufgebotstermins.

   Eine Zusammenstellung der Gebührensätze findet sich im Anhange.

   Als Vertreter einer anderen Person als des Antragstellers erhält der Rechtsanwalt die Gebühr nur einmal.

12. Abschnitt.

Die Unterbrechung des Verfahrens.

Auf die Unterbrechung des Verfahrens finden an sich die allgemeinen Bestimmungen der Civilprozeßordnung (§ 239 ff. CPO.) Anwendung.

Diese Bestimmungen gehen aber davon aus, daß eine Partei im Prozesse ihrem Gegner nicht unverteidigt gegenüber stehen soll.[1]

Die Eigenart des Aufgebotsverfahrens verlangt deshalb große Vorsicht bei Anwendung dieser Bestimmungen.[2]

Das Ereignis, das im gewöhnlichen Prozeßverfahren zur Unterbrechung führt, äußert im Aufgebotsverfahren verschiedene Wirkung, je nachdem es eintritt:

1. In der Person des Antragstellers.

   Hier ist zu beachten:

   a) Eine unabhängig von weiterer Parteitätigkeit zu erlassende gerichtliche Entscheidung wird durch den Eintritt des Ereignisses nicht gehemmt. (§ 249 Abs. 3 CPO.)[1]

      Ist der Antrag auf Erlassung des Aufgebots oder des Ausschlußurteils gestellt, so ist die Entscheidung des Gerichts über die Zulassung des Antrags und die Erlassung

---

[1]) Bgr. Entw. CPO. S. 174 ff., 179, Hahn II/1 S. 248, S. 252.

[2]) Gaupp-Stein, Vorbem. III zu § 946 CPO. S. 801; Seuffert, Vorbem. 2 zu § 946 CPO. S. 669.

des Aufgebots oder des Ausschlußurteils durch eine weitere Tätigkeit des Antragstellers nicht bedingt.

Es kann also trotz Eintritt des Ereignisses

α) bei Vorliegen eines inhaltlich und formell begründenten Antrags:

der Antrag zugelassen, das Aufgebot erlassen, das Ausschlußurteil verkündet werden;

β) bei einem Mangel des gestellten Antrags:

der Antrag abgewiesen werden.

Die Partei hat kein Recht auf eine Zwischenverfügung, durch die sie zur Behebung der Mängel veranlaßt wird.

Die Behebung der Mängel des Antrags vor der Entscheidung durch die Erben des gestorbenen Antragstellers oder durch den Konkursverwalter des in Konkurs geratenen Antragstellers ist jedoch zulässig.

b) Die Aufgebotsfristen laufen ohne Unterbrechung: Sie richten sich nicht gegen den Antragsteller, sondern gegen den unbekannten Dritten; auch sind sie keine eigentlichen Fristen.[1])

c) Dem Antragsteller können aber auch im Aufgebotsverfahren prozessuale Pflichten obliegen, deren Nichtbefolgung ihm prozessuale Nachteile bringen würde.

Für diesen Fall muß die Unterbrechung des Verfahrens nach allgemeinen Grundsätzen anerkannt werden. Es wird also zum Beispiel der Lauf der Frist des § 954 CPO. durch Eintritt eines unterbrechenden Ereignisses gehemmt. (§ 249 CPO.)

d) Nach Unterbrechung des Aufgebotsverfahrens erfolgt die Wiederaufnahme durch Erklärung gegenüber dem Gerichte, da ein Streitgegner nicht vorhanden ist.

2. In der Person eines Dritten, der Rechte und Ansprüche angemeldet hat:

Der Eintritt des Ereignisses hat keinen weiteren Einfluß auf das Aufgebotsverfahren.

Der Dritte hat keine eigentliche Parteistellung im Verfahren. Über seine Rechte und Ansprüche wird im Aufgebotsverfahren nicht entschieden, seine Anmeldung bringt nur eine Anregung der von Amts wegen zu entwickelnden gerichtlichen Tätigkeit. (Abschnitt 7/IV.)

[1]) Gaupp-Stein, § 214 CPO. Vorbem. B. II S. 451; Seuffert § 214 CPO. Vorbem. B II n S. 295.

VII. Teil.

Die Rechtsfolgen des Aufgebots und des Ausschlußurteils.

1. Abschnitt.

Die Rechtsfolgen des Aufgebots.

Schon die Erlassung des Aufgebots kann eine Einwirkung auf die Rechtsverhältnisse aus der Urkunde nach sich ziehen:

I. Erfolgt die Bekanntmachung des Aufgebots im Deutschen Reichsanzeiger — es ist dies nicht in allen Fällen erforderlich —, dann kann diese Bekanntmachung bei gestohlenen, verlorenen oder sonst abhanden gekommenen Inhaberpapieren den Ausschluß des guten Glaubens eines Kaufmanns, der Geldwechslergeschäfte betreibt, gemäß § 367 HGB. zur Folge haben. Diese Wirkung steht in keinem innerlichen Zusammenhange mit dem Aufgebote, sondern ist nur ein Ausfluß der öffentlichen amtlichen Bekanntmachung im Deutschen Reichsanzeiger. (Teil I C.)

II. Bei Wechseln kann nach Einleitung des Aufgebotsverfahrens der berechtigte Antragsteller[1]) vom Acceptanten Zahlung fordern, wenn er bis zur Kraftloserklärung des Wechsels Sicherheit bestellt. Ohne eine solche Sicherheitsstellung ist er nur berechtigt, die Hinterlegung[2]) der aus dem Accepte schuldigen Summe bei Gericht oder bei einer anderen zur Annahme von Depositen ermächtigten Behörde oder Anstalt zu fordern. (Art. 73 WO.)

III. Bei kaufmännischen Orderpapieren des § 363 ff. HGB. kann der Berechtigte nach Einleitung des Aufgebots-

---

[1]) Art. 73 WO. erkennt dieses Recht dem Eigentümer des Wechsels zu, aber durch § 1004 mit 1018 CPO. muß die Antragsberechtigung und damit der Rechtsanspruch aus der Erlassung des Aufgebots als erweitert gelten. (Staub WO. Art. 73, §§ 2, 9 ff.)

[2]) § 372 ff. B.GB.; Hinterlegungsordnung v. 18. XII 1899 JMBl. 1057 und 1080.

verfahrens Leistung nach Maßgabe der Urkunde vom Schuldner verlangen, wenn er bis zur Kraftloserklärung Sicherheit bestellt. (§ 365 Abs. 2 HGB.)

Der Antragsteller kann vom Schuldner nicht Sicherstellung statt Zahlung gegen Sicherheitsleistung verlangen. (Makower § 365 HGB. Anm. IV b.)

Hierin liegt eine absichtliche Abweichung von den für Wechsel geltenden Bestimmungen, zum Teil auch von dem früher geltenden Rechte. (Denkschrift z. HGB. v. 10. V. 1897 S. 205/206.)

Die bezüglichen Bestimmungen des Art. 305 Abs. 2 A. D. HGB. können auf eine vor dem 1. Januar 1900 ausgestellte Urkunde nach diesem Zeitpunkte trotz Art. 170 EG. B.GB. nicht Anwendung finden, da dieses Schuldverhältnis erst durch die Erlassung des Aufgebots zur Entstehung gelangt.

IV. Eine Hemmung der Verjährung oder der Vorlegungsfristen des § 801 B.GB. hat die Einleitung des Aufgebotsverfahrens nicht zur Folge. Diese Wirkung ist nur mit Stellung des Antrags auf Zahlungssperre verbunden. (§ 802 B.GB.; Motive B.GB. Bd. II S. 707/708.)

2. Abschnitt.

Die Rechtsfolgen des Ausschlußurteils.

Durch das Ausschlußurteil wird der Endzweck des Aufgebotsverfahrens erreicht.

Der Verlust der Urkunde wird in der Art aufgehoben, daß der Antragsteller tatsächlich über die Urkunde wie vor dem Verluste verfügen kann. (Begr. Entw. CPO. S. 469 Hahn II/1 S. 488.)

Es müssen deshalb durch das Ausschlußurteil Rechte aufgehoben und neue Rechte wirksam begründet werden. (Begr. Entw. CPO. S. 464 Hahn II/1 S. 484.)

Die Wirkungen des Ausschlußurteils äußern sich im einzelnen folgendermaßen:

I. Die unmittelbare Folge des Ausschlußurteils ist die Kraftloserklärung der Urkunde. (§ 1008 Satz 2 CPO.)

Durch das Ausschlußurteil wird der Urkunde ihre Rechtsgültigkeit entzogen: Es können gegen den Verpflichteten (Aussteller) aus der für kraftlos erklärten Urkunde keine Rechte mehr geltend gemacht werden. Das Ausschlußurteil wirkt insofern gegen jedermann, in rem. (Motive Entw. B.GB. Bd. II § 696 S. 709.)

Das Ausschlußurteil greift aber nicht ein in das Verhältnis zwischen dem Antragsteller und dem Dritten, der ein besseres

Recht auf die Urkunde hat; seine Ansprüche gegen den, der das Ausschlußurteil erwirkt hat, bleiben bestehen.[1])

II. Für denjenigen, der das Ausschlußurteil erwirkt hat, werden Rechte geschaffen: er wird dem durch die Urkunde Verpflichteten gegenüber berechtigt, die Rechte aus der Urkunde geltend zu machen (§ 1018 CPO.).

Die Geltendmachung der Rechte aus der Urkunde kann auf Grund des Ausschlußurteils in der gleichen Weise erfolgen, wie wenn die Urkunde vorliegen würde; das Ausschlußurteil hat die Bedeutung, die Vorlage der Urkunde zu ersetzen. (Prot. Entw. B.GB. II S. 565.)

Welche Rechte aus der Urkunde zustehen, wer der Verpflichtete ist und ob diese Rechte nur gegen Aushändigung einer beglaubigten Ausfertigung des Ausschlußurteils ausgeübt werden können,[2]) dies ergibt sich aus dem bürgerlichen Rechte.

Alle Einreden, die dem Verpflichteten bei Vorlage der Urkunde zugestanden hätten, bleiben trotz des Ausschlußurteils bestehen.[3])

Der Schuldner kann bei den Urkunden nach § 808 B.GB. den Nachweis der Gläubigereigenschaft verlangen (§ 808 Abs. 1 Satz 2 B.GB.; Prot. Entw. B.GB. II S. 565); bei den auf Namen umgeschriebenen Staatsschuldverschreibungen sind bezüglich des Nachweises der Empfangsberechtigung die Bestimmungen des Art. 51 AG. B.GB. anzuwenden.

III. Die auf Grund des Ausschlußurteils vom Verpflichteten bewirkten Leistungen bleiben auch Dritten gegenüber rechtswirksam.

Dies gilt sogar nach Aufhebung des Ausschlußurteils durch Anfechtungsklage dem Anfechtungskläger gegenüber, es sei denn, daß der Verpflichtete nachweisbar zur Zeit der Leistung die Aufhebung des Ausschlußurteils gekannt hat. (§ 1018 Abs. 2 CPO.)

Durch diese Bestimmung soll derjenige, der im Vertrauen auf das Ausschlußurteil Leistungen bewirkt hat, gegen die Gefahr der nochmaligen Leistung im Falle der Aufhebung des Urteils gesichert sein. (Motive B.GB. II § 696 S. 709; Begr. Nov. CPO. S. 203 Hahn VIII S. 182.)

IV. In einigen Fällen kann derjenige, der das Ausschlußurteil erwirkt hat, die Ausstellung einer neuen Urkunde

---

[1]) Begr. Entw. CPO. S. 469 Hahn II/1 S. 488; Kom. Prot. 1. Lesg. S. 439 Hahn II/2 S. 881; Kom. Begr. Nov. CPO. S. 223 Hahn VIII S. 430.

[2]) Vgl. bezügl. des Wechsels: Art. 39 WO.; bezügl. der Orderpapiere: Makower § 365 HGB. Anm. IV b S. 1010; ROHG. XIX 278.

Über die Rechte aus einem für kraftlos erklärten Wechsel siehe Staub Art. 73 WO. Anm. 10 ff.; Gaupp-Stein, § 1018 CPO. Anm. I; auch RG. CS. 49 S. 132 ff.: Zulässigkeit des Regresses auf Grund des Ausschlußurteils. Dagegen: Seuffert, § 1018 CPO. Anm. 1.

[3]) Bei Inhaberschuldverschreibungen kann z. B. der Schuldner dem Nichtberechtigten trotz Vorlage des Ausschlußurteils die Leistung verweigern. (§ 793 S. 1 B.GB.)

auf seine Kosten vom Aussteller verlangen, unbeschadet der Befugnis, den Anspruch aus der Urkunde geltend zu machen.

Hier kommen in Betracht:

Inhaberschuldverschreibungen (§ 800 B.GB., Art. 174 EG. B.GB.); Aktien- und Aktieninterimsscheine (§ 228 HGB.); Hypotheken-, Grundschuld- und Rentenschuldbriefe (§§ 67, 42 Abs. 2 GBO.); auf Namen umgeschriebene Schuldverschreibungen des Staates und der diesem gleichgestellten Aussteller (Art. 54, 57, 55 AG. B.GB.); Kuxscheine (Art. 93 Abs. 6 BG. nach Art. 157 Abs. 2 Nr. VIII AG. BGB.); Reichsschuldverschreibungen und Reichsschatzanweisungen (§ 21 d. Reichsschuldenordnung vom 19. März 1900); Reichsbankanteilscheine (§ 8 des Reichsbankstatuts nach der Verordnung vom 3. September 1900).

V. Eine geleistete Sicherheit wird durch das Ausschlußurteil frei.[1]

VI. Die Wirkung der Kraftloserklärung der Haupturkunde auf die mit dieser Urkunde ausgegebenen Nebenurkunden hängt von der rechtlichen Natur der Nebenurkunden ab.

Soweit das Gesetz nicht ausdrückliche Bestimmungen enthält, wird also bei Prüfung der Wirkungen des Ausschlußurteils auf die Nebenurkunde das Hauptgewicht darauf zu legen sein, ob die Nebenurkunde nach ihrem Inhalte mehr oder minder accessorische Natur hat; im Zweifel wird die Absicht des Ausstellers ausschlaggebend sein. (Henle, Inhaberpapiergesetz S. 26 Anm. 23 a.)

Im einzelnen bedarf der Hervorhebung:

1. Bezüglich der Zins- und Gewinnanteilscheine:

   a) Auf die ausgegebenen Zinsscheine von Inhaberschuldverschreibungen[2]) hat die Kraftloserklärung der Haupturkunde keine Einwirkung, wenn nicht in den Zinsscheinen selbst die gegenteilige Bestimmung enthalten ist (§ 803 B.GB.; Art. 8 ÜG.)[3])

   Für die Zinsscheine der auf Namen umgeschriebenen Schuldverschreibungen des Staates und der diesem gleichgestellten Aussteller gilt das gleiche (Art. 54, 57, 55 AG. B.GB.); man wird diese Bestimmungen aber auch für die Zinsscheine der

---

[1]) Gaupp-Stein, § 1018 CPO. Anm I; vgl. § 233 B.GB. und die Hinterlegungsordnung §§ 49, 23 ff. JMBl. 1057 ff./1899; § 109 CPO. findet nicht Anwendung.

[2]) Nach den Motiven zum B.GB. Bd. II S. 701 sind nur auf Inhaber lautende Zinsscheine unmittelbar ins Auge gefaßt. Man wird aber diese Bestimmungen auch auf Zinsscheine, die Order- oder Legitimationspapiere sind, anwenden dürfen. (Planck, § 803 B.GB. Anm. 1.)

[3]) Motive B.GB. Bd. II S. 701: Der Grund dieser Bestimmung ist hauptsächlich die Vermeidung einer sehr schwierigen und zeitraubenden Nachprüfung durch den Aussteller bei Einlösung.

auf Namen umgeschriebenen Schuldverschreibungen Privater anwenden dürfen.

b) Die auf keine bestimmte Summe ausgegebenen Dividendenscheine und ähnliche auf den Inhaber lautende Urkunden über Ansprüche von ungewissem Werte und ungewisser Fälligkeit verlieren als unvollkommene Inhaberpapiere mit Erlöschen des Rechtes aus der Haupturkunde ihre Bedeutung. Es wurde nicht erforderlich erachtet, dies im Gesetz ausdrücklich auszusprechen. (Motive z. B.GB. Bd. II S. 702.)

Ausdrücklich wurde aber bestimmt, daß mit der Kraftloserklärung der Aktie oder des Interimsscheins auch der Anspruch aus den auf den Inhaber ausgegebenen, noch nicht fälligen Gewinnanteilscheinen erlischt. (§ 228 Abs. 2 HGB., Art. 25 EG. HGB.)

Der Dividendenschein hat eben nicht in dem Maße wie der Zinsschein die Bedeutung eines von der Haupturkunde vollständig losgelösten Wertpapiers; auch wollte der Handel mit noch nicht fälligen Dividendenscheinen nicht begünstigt werden. (Denkschrift z. HGB. v. 10. Mai 1897 S. 138.)

2. Bezüglich der Erneuerungsscheine:

Die Erneuerungsscheine (Talons, Zins-, Dividendenleisten) sind nach dem Bürgerlichen Gesetzbuch und nach dem bayerischen Inhaberpapiergesetze vom 18. März 1896 unvollkommene Legitimationspapiere. (§ 805 B.GB.; Art. 13 des Gesetzes v. 18. März 1896.) Sie werden mit der Haupturkunde bedeutungslos und kraftlos.

Aber auch nach der früheren Auffassung vom Wesen der Erneuerungsscheine ist anzunehmen, daß sie als unvollkommene Inhaberpapiere mit dem Erlöschen des Rechtes aus der Haupturkunde ihre Bedeutung verlieren. (Motive B.GB. Bd. II S. 703.)

VIII. Teil.

Die Zahlungssperre.[1])

I. Der Inhalt und der Zweck der Zahlungssperre.

Die Zahlungssperre ist ein gerichtliches Verbot, an den Inhaber des Papiers eine Leistung zu bewirken, insbesondere neue Zins-, Renten- oder Gewinnanteilscheine oder einen Erneuerungsschein auszugeben; das Verbot richtet sich an den Aussteller sowie an die in dem Papier und die von dem Antragsteller bezeichneten Zahlstellen. (§ 1019 CPO.)

Der Zweck der Zahlungssperre ist die Sicherung der Ansprüche des Antragstellers gegen den Aussteller.

II. Die Voraussetzungen der Erlassung der Zahlungssperre.

1. Die Zulässigkeit der Zahlungssperre ist auf bestimmte Urkundenarten beschränkt, nämlich auf:
   a) Inhaberpapiere (§ 1019 CPO.);
   b) inhaberpapierähnliche Namenpapiere nach § 808 B.GB. (§ 1023 CPO.)
2. Die Voraussetzungen der Einleitung des Aufgebotsverfahrens gelten mit Ausnahme der Bestimmungen der §§ 1010—1015 CPO. in vollem Umfange für die Erlassung der Zahlungssperre.
3. Die Einleitung der Zahlungssperre erfolgt nur auf Antrag. Bei Erhebung und Begründung des Antrags ist mit Ausnahme der §§ 1010—1015 CPO. auf alles Rücksicht zu nehmen, was für die Erhebung und Begründung des Aufgebotsantrags gilt (Teil VI Abschnitt 3), insbesondere auf § 1007 CPO.

   Außerdem sind die in der Urkunde benannten Zahlstellen anzugeben, ferner ist zu erklären, ob und welche weiteren Zahlstellen vom Antragsteller benannt werden wollen.

---

[1]) Die §§ 1019—1022 CPO. wurden erst durch die Novelle vom 17. Mai 1898 in Anschluß an die entsprechenden Vorschriften des bayerischen Inhaberpapiergesetzes vom 18 März 1896 in die Civilprozeßordnung aufgenommen. (Begr. Nov. CPO. S. 203 Hahn VIII S. 182.)

Die vorläufige Zahlungssperre des § 1020 CPO. verlangt den Nachweis, daß die Stellung des Aufgebotsantrags gemäß § 1015 CPO. zur Zeit nicht möglich ist; der Nachweis wird durch Vorlage der Zeugnisse des Ausstellers erbracht.

III. Der Zusammenhang der Zahlungssperre mit dem Aufgebote.

1. Sind die Voraussetzungen für die sofortige Einleitung des Aufgebotsverfahrens gemäß §§ 1010—1014 mit 1015 Satz 2 CPO. gegeben, dann darf der Antrag auf Erlassung der Zahlungssperre nicht vor dem Antrag auf Einleitung des Aufgebotsverfahrens gestellt werden. (§§ 1019, 1020, 1022 CPO.)

Zweckmäßiger Weise werden beide Anträge verbunden. Es kann aber der Antrag auf Erlassung der Zahlungssperre auch nachgeholt, d. h. nach Erlaß des Aufgebots erhoben werden. (Henle, Inhaberpapiergesetz S. 90 Ziff. 1.)

2. Ist die sofortige Einleitung des Aufgebotsverfahrens gemäß §§ 1010—1014 mit 1015 Satz 2 CPO. unzulässig, so hat das Gericht den Antrag auf Zahlungssperre schon vor Einleitung des Aufgebotsverfahrens zuzulassen. (§ 1020 CPO.)

Der Aufgebotsantrag ist aber binnen sechs Monaten nach Wegfall des Hindernisses nachzuholen. (§ 1022 CPO.)

IV. Die Entscheidung über den Antrag auf Zahlungssperre.

Die Zulassung oder Abweisung des Antrags auf Zahlungssperre erfolgt durch Beschluß ohne vorgängige mündliche Verhandlung.

Zwischenverfügungen sind zulässig. (Teil VI Abschnitt 9).

V. Die Bekanntmachung der Zahlungssperre.

1. Eine Verständigung des Ausstellers sowie aller im Papiere bezeichneten und vom Antragsteller benannten Zahlstellen hat zu erfolgen; zugleich mit der Bekanntgabe der Zahlungssperre ist auch die Benachrichtigung von der Einleitung des Aufgebotsverfahrens zu verbinden. (§ 1019 Abs. 1 CPO.)

2. Die Zahlungssperre ist öffentlich bekannt zu machen unter ausdrücklicher Hervorhebung des Verbots, an den Inhaber des Papiers eine Leistung zu bewirken, insbesondere neue Zins-, Renten- oder Gewinnanteilscheine oder einen Erneuerungsschein auszugeben.

Die öffentliche Bekanntmachung hat zu erfolgen:

a) Wenn die Zahlungssperre gleichzeitig mit oder nach[1]) dem Aufgebote veröffentlicht wird: in derselben Weise

---

[1]) Henle, Inhaberpapiergesetz S. 90/91, Z. 6.

wie das Aufgebot. (§ 1019 CPO.; Art. 69a AG. CPO. in der Fassung des Art. 166 Nr. XIV AG. B.GB. mit § 1023 CPO.)

b) Wenn die Zahlungssperre vor dem Aufgebote veröffentlicht wird:

α) in den Fällen, in denen die Bekanntmachung des Aufgebots sich nach den bayerischen Ausführungsbestimmungen richtet (Teil VI Abschnitt 6 III 1 a S. 66), in der gleichen Weise wie die Bekanntmachung des Aufgebots (Art. 69a AG. CPO. mit § 1023 CPO.);

β) in den anderen Fällen: durch Anheftung an der Gerichtstafel und Einrückung einmal in den Deutschen Reichsanzeiger und zweimal in das für die Bekanntmachungen des Gerichts bestimmte Blatt. Das Gericht kann anordnen, daß die Einrückung noch in anderen Blättern und zu mehreren Malen erfolgt. (§§ 1020, 948, 204 CPO.)

VI. Die Aufhebung der Zahlungssperre.

Die Zahlungssperre ist aufzuheben:

1. wenn das Papier vorgelegt wird; dem Antragsteller ist vor der Aufhebung die Einsicht zu gestatten (§ 1022 Abs. 1 und 2, § 1016 CPO.);
2. wenn das Aufgebotsverfahren in anderer Weise ohne Erlassung eines Ausschlußurteils erledigt ist (§ 1022 Abs. 1 CPO.);
3. wenn, im Falle der Erlassung der Zahlungssperre vor Einleitung des Aufgebotsverfahrens, die Einleitung des Aufgebotsverfahrens nicht binnen sechs Monaten nach Beseitigung des ihr entgegenstehenden Hindernisses beantragt ist (§ 1022 Abs 1 Satz 2 CPO.).[1]

VII. Die Bekanntmachung der Aufhebung der Zahlungssperre.

Ist das Aufgebot oder die Zahlungssperre öffentlich bekannt gemacht worden, so ist die Erledigung des Verfahrens[2]) oder die Aufhebung der Zahlungssperre von Amts wegen bekannt zu machen:

---

[1]) Bei Erlassung der Zahlungssperre nach § 1020 CPO. ist also die Frist für den Aufgebotsantrag zu berechnen und ein entsprechender Wiedervorlagetermin anzusetzen.

[2]) Vgl. hierzu: Gaupp-Stein § 1022 CPO. Anm II a, b u. c; Petersen-Anger § 1022 CPO Anm. 2.

1. in den Fällen, in denen die Bekanntmachung des Aufgebots nach den bayerischen Ausführungsbestimmungen erfolgt:
   in dem für die Bekanntmachungen des Gerichts bestimmten Blatte (Art. 69a AG. B.GB., § 1023 CPO.);
2. in den anderen Fällen:
   im Deutschen Reichsanzeiger (§ 1022 Abs. 1 Satz 3 CPO.).

Die Veröffentlichung hat erst nach Rechtskraft des Aufhebungsbeschlusses zu erfolgen.

VIII. Die Rechtsmittel.

1. Gegen die Abweisung des Antrags auf Zahlungssperre steht die einfache Beschwerde zu. (§ 567 CPO.; Prot. Entw. B.GB. VI S. 748.)
2. Gegen den die Aufhebung der Zahlungssperre aussprechenden Beschluß ist die sofortige Beschwerde zulässig. (§ 1022 Abs. 3 CPO.)
3. Gegen den die Aufhebung der Zahlungssperre abweisenden Beschluß dürfte wohl die einfache Beschwerde zulässig sein. (Prot. Entw. B.GB. Bd. VI S. 748.)[1])

IX. Die Wirkungen der Zahlungssperre.

1. Die Zahlungssperre wirkt zunächst nur gegen diejenigen Personen, an die sie sich richtet.
   Sie ist aber auch gegenüber den im Papiere nicht bezeichneten Zahlstellen wirksam; die rechtzeitige Verständigung dieser Zahlstellen ist Sache des Ausstellers. (Begr. Nov. CPO. S. 203 Hahn VIII S. 182.)
2. Eine Leistung, entgegen dem in der Zahlungssperre ausgesprochenen Verbote, wirkt nicht gegen den Antragsteller. (Begr. Nov. CPO. S. 203 Hahn VIII S. 182; §§ 135, 136 B.BG.)
   Ob die Leistung von dem Empfänger zurückgefordert werden kann, hängt von seinem guten Glauben zur Zeit der Empfangnahme ab. (§ 135 Abs. 2 B.GB.; Gaupp-Stein, § 1019 CPO. Anm. II.)
3. Das Leistungsverbot beschränkt sich auf die Stammurkunde und die neu auszugebenden Nebenurkunden.

---

[1]) Diese Frage ist bestritten: Gegen die Zulässigkeit der Beschwerde: Petersen-Anger, § 1022 CPO. Anm. 3 mit der Begründung, daß dem Inhaber des Papiers kein Antragsrecht zustünde; daß Gericht habe von Amts wegen zu entscheiden. Für die Zulässigkeit der Beschwerde: Gaupp-Stein, § 1022 CPO. Anm. II: Die Entscheidung des Gerichts erfolge nicht in Ausübung eines freien Ermessens.

Die schon vor der Zahlungssperre ausgegebenen Zins-, Renten- oder Gewinnanteilscheine müssen eingelöst werden, gleichgültig, ob die Fälligkeit vor oder nach Erlassung der Zahlungssperre liegt. (§ 1019 Abs. 3 CPO.)

4. Die Zahlungssperre hemmt[1]) mit Stellung des Antrags:
   a) den Beginn und Lauf der Vorlegungsfrist bezüglich der Haupturkunde wie der Zins-, Renten- oder Gewinnanteilscheine (§§ 802, 801 B.GB., Art. 174 EG. B.GB.);
   b) den Beginn und Lauf der Verjährungsfrist (§ 802 B.GB. Art. 174 EG. B.GB.).

Die Hemmung endigt mit Erledigung des Aufgebotsverfahrens und, falls die Zahlungssperre vor der Einleitung des Verfahrens verfügt worden ist, auch dann, wenn seit der Beseitigung des der Einleitung des Verfahrens entgegenstehenden Hindernisses sechs Monate verstrichen sind und nicht vorher die Einleitung beantragt worden ist. (§ 802 B.GB.)

5. Die Zahlungssperre macht die Vorlage des durch § 1010 Abs. 2 CPO. vorgeschriebenen Zeugnisses entbehrlich, wenn ihre Anordnung erfolgte, bevor seit der Zeit des glaubhaft gemachten Verlustes Zins-, Renten- oder Gewinnanteilscheine ausgegeben worden sind. (§ 1021 CPO.)

Diese Vorschrift beruht auf der Erwägung, daß durch die Zahlungssperre der etwaige Besitzer des Papiers nicht mehr in der Lage ist, neue Scheine durch Vorlegung des Papiers bei der zur Ausgabe bestimmten Stelle zu erhalten. (Begr. Nov. CPO. S. 204 Hahn VIII S. 182.)

---

[1]) Die Hemmung wurde eingeführt, damit der Inhaber der Urkunde mit ihrem Verluste nicht auch sein Gläubigerrecht verliert. (Motive B.GB. II S. 707 ff.)

IX. Teil.

Die Kraftloserklärung ausländischer Urkunden.

I. Die Zuständigkeit deutscher Gerichte zur Kraftloserklärung ausländischer Urkunden ist gegeben (§ 1005 CPO.):

1. wenn die Urkunde einen Ort in Deutschland als Erfüllungsort bezeichnet;
2. wenn bei Nichtangabe eines Erfüllungsorts in der Urkunde der Aussteller seinen allgemeinen Gerichtsstand in Deutschland hat oder zur Zeit der Ausstellung gehabt hat.

Das Aufgebotsverfahren richtet sich nach deutschen Gesetzen.

II. Die Zulässigkeit der Kraftloserklärung und die civilrechtlichen Voraussetzungen des Aufgebotsverfahrens richten sich nach den Grundsätzen des internationalen Privatrechts.

Dieses entscheidet also, ob für Urkunden überhaupt [1]) und ob für die betreffende Urkundenart die Kraftloserklärung zulässig, wer antragsberechtigt ist u. s. w.

Über die hier in Betracht kommenden Grundsätze des internationalen Privatrechts ist hervorzuheben:

1. Das Einführungsgesetz zum Bürgerlichen Gesetzbuche hat nur einige wenige Grundsätze des internationalen Privatrechts festgelegt (Art. 7—31 EG. B.GB.), so insbesondere bezüglich der Geschäftsfähigkeit und der Entmündigung (Art. 7 und 8 EG. B.GB.).
2. Die §§ 10 und 11 des ersten und zweiten Entwurfs des Einführungsgesetzes hatten eine weitergehende Regelung des internationalen Privatrechts vorgesehen; diese wurden aber nicht zum Gesetz erhoben.

Der Aufgebotsrichter muß sich deshalb bei Entscheidung der Fragen des internationalen Privatrechts in der Haupt-

---

[1]) Einen Hinweis auf einzelne ausländische Rechte siehe Henle, Inhaberpapiergesetz S. 17. Anm. 5.

sache immer noch auf Theorie und Rechtsprechung stützen.[1])

Es mögen hier folgende Andeutungen genügen:

a) Bei Urkunden, in denen dingliche Rechte an Grundstücken verbrieft sind (Hypotheken-, Grundschuldbriefe), richtet sich die Entscheidung nach dem Rechte der belegenen Sache. (locus rei sitae.)

Infolge § 1005 Abs. 2 CPO. kommt das am Orte des Aufgebotsgerichts gültige Recht zur Anwendung.

b) Bei anderen Urkunden ist davon auszugehen, daß der Schuldner dem Inhaber des Papiers gegenüber nur dann befreit wird, wenn die Befreiung nach den Grundsätzen eintritt, die ursprünglich über die obligatorische Leistung bestimmen.

Es hat demnach für die Zulässigkeit der Kraftloserklärung sogar von Inhaberpapieren[2]) das Recht zur Anwendung zu kommen, das nach den Grundsätzen des internationalen Privatrechts über das obligatorische Schuldverhältnis ausschlaggebend ist.[3])

Die Grundsätze des internationalen Privatrechts über das obligatorische Schuldverhältnis sind dahin zusammen zu fassen:

aa) In erster Linie dürfte die Selbstbestimmung der Parteien maßgebend sein. (Bar, Lehrb. § 31 S. 106; RG. CS. Bd. 44 S. 301.)

bb) Die Rechtssätze, die in Ermanglung einer solchen Selbstbestimmung Anwendung finden, sind bestritten. Es stehen sich hauptsächlich gegenüber:

α.) Die Domiziltheorie Bars:
Entscheidend ist das Personalstatut des Schuldners, d. h. das Gesetz des Ortes, an dem der Schuldner

[1]) Näheres über den Entwurf siehe bei Dr. Heinrich Edelmann in Böhms Zeitschrift f. internationales Privat- und Strafrecht Bd. VIII Jahrg. 1898 S. 295. ff. insbesondere S. 302 ff.; Dr. Theodor Niemeyer, Vorschläge und Materialien zur Kodifikation des internationalen Privatrechts, 1895; derselbe, das internationale Privatrecht des B.GB., 1901, das Recht des B.GB. in Einzeldarstellungen Bd. XI.

[2]) Über die rechtliche Natur und civilistische Konstruktion des Schuldverhältnisses aus Inhaberpapieren siehe Henle, Inhaberpapiergesetz S. 10 Anm. 7, S. 80—82: Einseitiger Verpflichtungswille, kein Vertrag; Motive B.GB. II S. 69.

[3]) Bar, Theorie und Praxis des internationalen Privatrechts, 2. Aufl. 1889 Bd. II S. 140 ff., Lehrbuch des internationalen Privatrechts 1892 § 36 S. 128 ff. An letzterer Stelle bemerkt Bar: „Kein anderes Territorialgesetz als dasjenige, unter welchem die Obligation an sich steht, ... kann die Abhängigkeit der Gläubigerschaft von dem Besitze des Papiers lösen, denn eine solche Lösung des Zusammenhangs vom Besitze des Papiers ist eine Änderung der Lage des Schuldners, der nun z. B. einem anderen, als dem Inhaber, Zahlung leisten muß."

seinen Wohnsitz hatte zur Zeit des Eintritts der Tatsache, aus der das Schuldverhältnis abgeleitet wird, in Ermanglung eines Wohnsitzes das Gesetz des Aufenthaltsorts des Schuldners.[1])

β) Die in der deutschen Literatur und Rechtsprechung herrschende Savigny'sche Theorie vom Erfüllungsorte:[2])

Im Zweifel entscheidet das Recht des Erfüllungsorts.

Auch § 1005 Abs. 1 CPO. über die Zuständigkeit des Aufgebotsgerichts scheint von diesem Grundsatze beherrscht zu sein.

III. Die Wirkungen der Kraftloserklärung ausländischer Urkunden äußern sich verschieden:

1. Die Kraftloserklärung erfolgt durch ein deutsches Gericht:

a) Die deutschen Gerichte haben:

α) die prozeßrechtlichen Wirkungen eines von deutschen Gerichten erlassenen Ausschlußurteils nach deutschem Rechte zu beurteilen, und vor allem an dem prozessualen Grundsatze des § 1018 CPO. festzuhalten;

β) die civilrechtlichen Folgen der prozeßrechtlichen Wirkungen eines von deutschen Gerichten erlassenen Ausschlußurteils nach den Grundsätzen des internationalen Privatrechts festzustellen.

b) Die ausländischen Gerichte sind, abgesehen von Staatsverträgen, nur nach Maßgabe ihrer Gesetze gehalten, das deutsche Ausschlußurteil und seine Wirkungen anzuerkennen; eine Pflicht zur Anerkennung wird namentlich dann fehlen, wenn nach ihren Gesetzen die deutschen Gerichte zur Erlassung des Ausschlußurteils nicht zuständig waren.[3])

2. Die Kraftloserklärung erfolgt durch ein ausländisches Gericht:[4])

---

[1]) Bar, Theorie und Praxis Bd. II S. 13 ff.; Bar, Lehrbuch, § 31 S. 108 ff.; Niemeyer, Vorschläge und Materialien zur Kodifikation des B.GB. S. 239; Windscheid, Pandekten, 8. Aufl. Bd. I §. 34, 35 S. 117, 122; Dr. Klöppel, Böhms Zeitschrift, Bd. I S. 34 ff.; auch der Gebhard'sche Entwurf ging von diesem Grundsatz aus.

[2]) Dernburg, B.R., Bd. I § 40 S. 103. Niemeyer, ein Gegner der Erfüllungstheorie, erkennt an, daß diese in Deutschland herrschend sei.

[3]) Vgl. die Anerkennung des ausländischen Urteils nach deutschem Rechte: § 328 Ziff. 1 CPO. Bemerkenswert sind nach dieser Richtung die Ausführungen Bars (Theorie und Praxis Bd. II S. 141/142 Anm 14 u. 15, Lehrbuch S. 129 Anm. 3), der die Bestimmungen des § 1005 CPO. vom internationalen Standpunkt aus als inkorrekt bezeichnet.

[4]) Dies gilt selbstverständlich auch für inländische Urkunden.

Die deutschen Gerichte haben das ausländische Urteil nur nach Maßgabe des § 328 CPO. anzuerkennen.

Die Anerkennung ist insbesondere ausgeschlossen, wenn die Gerichte des Staates, dem das ausländische Gericht angehört, nach den deutschen Gesetzen nicht zuständig sind (§ 328 Ziff. 1 CPO.)[1])

Aus diesen Darlegungen ergibt sich, daß unter Umständen an den Verlustträger einer ausländischen Urkunde die Frage herantreten kann, ob er durch Erwirkung eines Ausschlußurteils bei einem deutschen Gericht auch im Auslande, oder umgekehrt, ob er bei Durchführung der Kraftloserklärung nach ausländischem Rechte auch in Deutschland den beabsichtigten Erfolg erreichen werde. Es ist denkbar, daß die Kraftloserklärung ausländischer Urkunden nach deutschem und ausländischem Rechte oder daß neben dem Aufgebotsverfahren in einem Lande die Durchführung eines dem § 367 HGB. entsprechenden Verfahrens in einem anderen Lande geboten erscheint.[2])

---

[1]) RG. CS. 51 S. 135: Entscheidend ist, ob nach deutschem Rechte überhaupt ein Gericht des ausländischen Staates zuständig ist.

[2]) Vgl. auch Bar a.a.O.

X. Teil.

Das Verhalten bei Verlust einer Urkunde, die im Aufgebotsverfahren für kraftlos erklärt werden kann.

Aus vorstehenden Rechtsausführungen ergeben sich einige Winke für das Verhalten bei Verlust einer Urkunde, die im Aufgebotsverfahren für kraftlos erklärt werden kann:

A. Schritte zur Beseitigung der im Verluste liegenden Gefahren.

I. Die Gefahr, daß die Rechte aus der Urkunde auf einen gutgläubigen Dritten übergehen.

1. Diese Gefahr besteht:
   a) nur im Falle des Abhandenkommens;
   b) nur bei Inhaberpapieren und indossablen Urkunden, wie Wechseln, kaufmännischen Orderpapieren nach § 363 HGB., Namenaktien.
2. Schritte zur Beseitigung dieser Gefahr:
   a) Es ist mit tunlichster Eile eine möglichst ausgedehnte, selbstverständlich im Verhältnis zum Werte der Urkunde stehende Bekanntmachung des Verlustes zu betreiben, z. B. durch Veröffentlichung, telephonische und telegraphische Verständigungen der Bankiers, Anzeige bei Polizeibehörden, Anschlag im Börsenlokale u. s. w.
   b) In Hinblick auf § 367 HGB. ist baldmöglichst die Veröffentlichung des Verlustes im Deutschen Reichsanzeiger durch eine öffentliche Behörde oder durch den aus der Urkunde Verpflichteten zu veranlassen; gegebenenfalls ist die Wiederholung der Bekanntmachung nach einem Jahre geboten.

   Die Bekanntmachung wird zweckmäßig bei der Distriktsverwaltungsbehörde, in München bei der kgl. Polizeidirektion beantragt. (Art. 90 AG. B.GB.; § 8 der Zuständigkeitsverordnung; siehe Abschnitt 1 C.)

II. Die Gefahr, daß der Aussteller durch Leistung an einen Dritten von seiner Verpflichtung aus der Urkunde befreit wird.

1. Diese Gefahr besteht:
   a) nur im Falle des Abhandenkommens;
   b) nur bei Inhaberpapieren, indossablen Urkunden und inhaberpapierähnlichen Namenpapieren nach § 808 B.GB.
2. Schritte zur Beseitigung dieser Gefahr:
   a) der Aussteller und alle Zahlstellen sind unverzüglich von dem Verluste zu verständigen mit dem Ersuchen, Auszahlungen und sonstige Leistungen zu sperren.

   Durch diese Verständigung entsteht keine rechtliche Verpflichtung zur Sperrung; in vielen Fällen wird diese Verständigung aber genügen und die mit erheblichen Kosten verbundene gerichtliche Zahlungssperre entbehrlich machen.
   b) Volle Sicherheit bietet in dieser Richtung nur die gerichtliche Zahlungssperre. (§ 1019 oder 1020 CPO.)

   Die Zahlungssperre ist naturgemäß dringlich.

III. Die Gefahr, daß der unberechtigte Inhaber des Erneuerungsscheins oder der Urkunde neue Zins-, Renten- oder Gewinnanteilscheine erhebt.

1. Ist lediglich der Erneuerungsschein ohne die Haupturkunde abhanden gekommen, so kann gemäß § 805 B.GB. und § 230 HGB. die Gefahr dadurch beseitigt werden, daß der Inhaber der Haupturkunde der Ausgabe neuer Scheine unverzüglich widerspricht; auf Vorlage der Haupturkunde müssen ihm die neuen Scheine ausgehändigt werden.
2. Ist die Haupturkunde abhanden gekommen, so schützen die unter II angegebenen Schritte der Verständigung bezw. gerichtlichen Zahlungssperre.

IV. Die Gefahr, daß der Aussteller die ausgegebenen Zins-, Renten- oder Gewinnanteilscheine auf Vorlage durch einen unberechtigten Inhaber einlöst.

1. Die Gefahr der Einlösung fälliger Scheine wird schwerlich beseitigt werden können; eine gerichtliche Sperre nach dieser Richtung gibt es nicht.
2. Die Aufhebung der Gefahr einer Einlösung nicht fälliger Scheine ist
   a) möglich durch Kraftloserklärung der Haupturkunde:

aa) bei den auf den Inhaber lautenden Gewinnanteilscheinen von Aktien und Interimsscheinen (§ 228 Abs. 2 HGB.) und ähnlichen auf den Inhaber lautenden Urkunden über Ansprüche von ungewissem Werte und ungewisser Fälligkeit (Teil VII Abschnitt 2 VI 1 b S. 86.);

bb) bei solchen Zinsscheinen zu Inhaberschuldverschreibungen, in denen dies ausdrücklich vermerkt ist (§ 803 B.GB.).

b) nicht möglich:

aa) wenn die Haupturkunde nicht mit abhanden gekommen ist; eine selbständige Kraftloserklärung ist unzulässig;

bb) auch nicht durch Kraftloserklärung der Haupturkunde: bei Zinsscheinen zu Schuldverschreibungen auf den Inhaber, sofern nicht eine gegenteilige Bestimmung in den Zinsscheinen enthalten ist (§ 803 B.GB.).

B. Schritte zur Geltendmachung der Rechte aus der abhanden gekommenen oder vernichteten Urkunde.

I. Läßt sich der Inhaber der abhanden gekommenen Urkunde feststellen, so muß von diesem die Herausgabe erzwungen werden.

II. Ist die Urkunde nicht vollständig vernichtet, sondern nur in Folge einer Beschädigung oder Verunstaltung zum Umlaufe nicht mehr geeignet, jedoch in ihrem wesentlichen Inhalte und in ihren Unterscheidungsmerkmalen noch mit Sicherheit erkennbar, so kann unter Umständen die Erteilung einer Ersatzurkunde verlangt werden. (Teil III Abschnitt 2 III S. 33.)

Es empfiehlt sich deshalb, auch die kleinsten Überreste der Urkunde sorgfältig zu sammeln, zusammenzustellen und aufzubewahren.

III. Der Nachweis der Vernichtung läßt unter Umständen kraft Gesetzes (z. B. bei Reichsschuldverschreibungen und Reichsschatzanweisungen) oder durch eine Vereinbarung mit dem Aussteller die kostspielige Kraftloserklärung vermeiden.

Es ist deshalb sofort nach der Vernichtung für eine möglichst umfassende und glaubwürdige Feststellung der Vernichtung Sorge zu tragen.

IV. Soweit zulässig und erforderlich, ist die Kraftloserklärung zu betreiben.

Dabei ist zu beachten:

1. Die Sicherung der Möglichkeit des Aufgebotsverfahrens:

a) Der Besitzer einer Urkunde sollte von vornherein Vorsichtsmaßregeln für den Fall des Abhandenkommens oder der Vernichtung der Urkunde treffen:

Die Schlußnoten, ein Verzeichnis der Wertpapiere, die Zins-, Renten- und Gewinnanteilscheine sind gesondert von den Haupturkunden aufzubewahren.

b) Sofort nach Entdeckung des Verlustes sind alle Schritte zu tun zur Glaubhaftmachung der Tatsache und des Zeitpunkts des Verlustes, der Antragsberechtigung und des Inhalts der Urkunde.

2. Die Sicherung baldmöglichster Zulässigkeit des Aufgebotsverfahrens:

Das Aufgebotsverfahren ist nicht immer sofort nach dem Verluste zulässig:

a) Sofort nach dem Verlust ist der Antrag auf Einleitung des Aufgebotsverfahrens zulässig:

aa) Bei den vor dem 1. Januar 1900 ausgegebenen Namenpapieren, bei den vor diesem Zeitpunkt auf den Namen umgeschriebenen Inhaberpapieren und bei den nach dem 1. Januar 1900 auf den Namen umgeschriebenen Schuldverschreibungen des bayerischen Staates und der diesem gleichgestellten öffentlichen Aussteller. (Teil IV Abschnitt 2 S. 43.)

bb) Bei Urkunden ohne Zins-, Renten- oder Gewinnanteilscheine, in denen keine oder eine innerhalb eines Jahres nach dem Verlust eintretende Verfallzeit angegeben ist.

cc) Wenn bei einem Verluste der Haupturkunde ohne die Zins-, Renten- oder Gewinnanteilscheine die Voraussetzungen des § 1012 CPO. vorliegen.

dd) Wenn vor Ablauf eines halben Jahres nach dem Verluste der erste Schein einer neuen, nach dem Verlust auszugebenden Reihe von Zins-, Renten- oder Gewinnanteilscheinen (§ 1010 CPO.), oder im Falle des § 1013 CPO. der letzte Schein der ausgegebenen Reihe, fällig wird.

b) Der Antrag auf Einleitung des Aufgebotsverfahrens ist nicht sofort zulässig, wenn der Aufgebotstermin über ein Jahr hinaus angesetzt werden müßte (§ 1015 CPO.):

aa) im Hinblick auf die in der Urkunde angegebene Verfallzeit (§ 1014 CPO.);

bb) im Hinblick auf die Fälligkeitstermine der Zins-, Renten- oder Gewinnanteilscheine (§ 1010—1013 CPO.).

Darnach ergibt sich für das Verhalten beim Verluste von Urkunden, bezüglich deren die Einleitung des Aufgebotsverfahrens nicht an sich ohne zeitliche Beschränkung gestattet ist:

a) Man begebe die vorhandenen Zins-, Renten-, Gewinnanteil- oder Erneuerungsscheine nach dem Verluste nicht weiter.

b) Bei Einlösung fälliger Scheine lasse man sich vom Aussteller eine Bestätigung über die erfolgte Vorlage erteilen.

c) Bei Abhebung eines neuen Zins-, Renten- oder Gewinnanteilscheinbogens lasse man sich vom Aussteller die Abhebung bestätigen.

3. Die Sicherung gegen den Eintritt einer Verjährung:

a) Man wird versuchen, die Unterbrechung der Verjährung auf möglichst einfache Weise, z. B. durch ein Anerkenntnis des Verpflichteten zu erreichen.

b) Gelingt dies nicht, so ist der Antrag auf Zahlungssperre zu stellen (§ 802 B.GB.).

4. Die Sicherung gegen die Gefahr, daß der Aussteller (der Verpflichtete) bis zur Erlassung des Ausschlußurteils zahlungsunfähig wird.

a) Bei Wechseln und kaufmännischen Orderpapieren kann nach Erlassung des Aufgebots diese Sicherung gemäß Art. 73 WO. bezw. § 365 Abs. 2 Satz 2 HGB. erreicht werden.

b) Bei anderen Urkunden ist

aa) zunächst eine möglichst schleunige Durchführung des Aufgebotsverfahrens — sofortige gesonderte Erlassung des Aufgebots, Erklärung als Feriensache — zu veranlassen;

bb) gegebenenfalls durch Erwirkung einer einstweiligen Verfügung oder eines Arrestes die Sicherung zu versuchen.

Die Zulässigkeit dieses Sicherungsmittels ist jedoch nicht unzweifelhaft. (Motive B.GB. II S. 707.)

5. Die Kostenersparung:

Durch eine Verbindung mehrerer Aufgebotsfälle können die Kosten der Bekanntmachung des Aufgebots erheblich verringert werden; wenn tunlich, ist deshalb diese Verbindung anzustreben.

V. Für die Erhaltung der Rechte aus einem abhanden gekommenen oder vernichteten Zins-, Renten- oder Gewinnanteilschein ist durch Anzeige des Verlustes beim Aussteller vor dem Ablaufe der Vorlegungsfrist Sorge zu tragen (§ 804 B.GB.). Für den Nachweis der Anzeige kann man sich der Zustellung durch einen Gerichtsvollzieher bedienen.

Anhang.

I. Beispiele für Anträge.

1. Betreff: Aufgebot und Kraftloserklärung eines Pfandbriefs.

An
das kgl. Amtsgericht München.
Antrag
des Rechtsanwalts Franz Huber
in München,
namens des Josef Maier, Bauer
in Tegernsee,
betreffend
Aufgebot und Kraftloserklärung
eines Pfandbriefs.
Beilagen.

München, den ....

Namens und im Auftrage des Josef Maier, Bauer in Tegernsee, stelle ich den

Antrag:

Kgl. Amtsgericht wolle

I. das Aufgebotsverfahren einleiten zum Zwecke der Kraftloserklärung des $3\frac{1}{2}$%igen auf den Inhaber lautenden Pfandbriefs der bayerischen Hypotheken- und Wechselbank in München Ser. XXXII lit. N Nr. 119287 zu 200 ℳ,

II. nach Durchführung des Aufgebotsverfahrens durch Ausschlußurteil den bezeichneten Pfandbrief für kraftlos erklären,

III. die Verbindung dieses Aufgebots mit mehreren anderen anordnen.

Zur Begründung dieses Antrags bringe ich vor:

Der Bauer Josef Maier in Tegernsee hat im Jahre 1898 bei dem Bankier Anton Brunner in München den obenbezeichneten Pfandbrief käuflich erworben.

Bis zum 5. Oktober 1902 war Josef Maier Inhaber des Pfandbriefs.

An diesem Tage brannte das Anwesen des Josef Maier vollständig nieder; der

Mantel des Pfandbriefs, der in einer Kommode des Maier aufbewahrt war, wurde ein Raub der Flammen.

Der Zinsscheinbogen ist unversehrt; Maier hatte ihn seinem Bankier zur Aufbewahrung gegeben.

Josef Maier erbietet sich zur Versicherung der Wahrheit dieser Angaben an Eidesstatt.

Ich lege vor:

./. 1. Meine Vollmacht.

2. Belege zur Glaubhaftmachung der die Antragsberechtigung begründenden Tatsachen, nämlich ....

./. 3. Belege zur Glaubhaftmachung des Verlustes, nämlich ....

./. 4. Zeugnis der bayerischen Hypotheken- und Wechselbank vom 10. d. Mts. zum Nachweise der Voraussetzungen für die Einleitung des Aufgebotsverfahrens.

./. 5. Den Zinsscheinbogen, enthaltend die Zinsscheine .... nebst Erneuerungsschein.

Unterschrift ....

2. Betreff: Aufgebot, Zahlungssperre und Kraftloserklärung eines Pfandbriefs.

An .... München, den ....

wie vor!

betreffend:
Aufgebot, Zahlungssperre u. Kraftloserklärung eines Pfandbriefs.

Beilagen.

I. u. II. wie in Beispiel 1.

III. die Zahlungssperre bezüglich des bezeichneten Pfandbriefs erlassen,

IV. von einer Verbindung mit mehreren Aufgebotsfällen absehen und das Verfahren als Feriensache erklären.

Zur Begründung dieses Antrags bringe ich vor: ....

[Absatz 1 und Absatz 2 wie in Beispiel 1.]

An diesem Tage wurde während des sonntägigen Gottesdienstes in dem Anwesen des Maier eingebrochen. Die im Schlafzimmer stehende Kommode des Maier wurde gewaltsam geöffnet und der dort aufbewahrte Pfandbrief gestohlen.

Josef Maier erbietet sich zur Versicherung der Wahrheit dieser Angaben an Eidesstatt.

Ich lege vor:

./. 1.
./. 2. } wie in Beispiel 1.
./. 3.

./. 4. Zeugnis der bayerischen Hypotheken- und Wechselbank vom 10. d. Mts. zum Nachweise der Voraussetzungen für die Einleitung des Aufgebotsverfahrens, ferner enthaltend die Angabe der in der Urkunde benannten Zahlstellen. Weitere Zahlstellen benenne ich nicht.

Unterschrift ....

3. Betreff: **Zahlungssperre vor Einleitung des Aufgebotsverfahrens.**

An .... München, den ....

betreffend:
Zahlungssperre bzgl. eines Pfandbriefs gemäß § 1020 CPO.
Beilagen.

....

Kgl. Amtsgericht wolle bezüglich des $3^1/_2{}^0/_0$igen, auf den Inhaber lautenden Pfandbriefs der bayerischen Hypotheken- und Wechselbank in München Ser. XXXII lit. N Nr. 119287 zu 200 ℳ die Zahlungssperre erlassen und das Verfahren als Feriensache erklären.

Zur Begründung dieses Antrags bringe ich vor: ....

[Wie Beispiel 2 einschließlich der Erbietung zur eidesstattlichen Versicherung.]

Die Voraussetzungen zur Einleitung des Aufgebotsverfahrens sind gemäß §§ 1010 bis 1013 mit 1015 CPO. noch nicht gegeben.

Ich lege vor:

./. 1.
./. 2. } wie Beispiel 1.
./. 3.
./. 4. Zeugnis der bayerischen Hypotheken- und Wechselbank zum Nachweise, daß die Voraussetzungen zur Einleitung des Aufgebotsverfahrens noch nicht vorliegen, daß jedoch die Voraussetzungen zur Erlassung der Zahlungssperre gegeben sind, ferner zur näheren Bezeichnung der in der Urkunde benannten Zahlstellen.

Ich benenne noch folgende weitere Zahlstellen: ....

Unterschrift ....

4. Betreff: Aufgebot und Kraftloserklärung eines Papiers nach § 808 B.GB.

An

....

betreffend:
Aufgebot und Kraftloserklärung
eines Depotscheins.

München, den ....

....

Kgl. Amtsgericht wolle

I. das Aufgebotsverfahren einleiten zum Zwecke der Kraftloserklärung des auf den Namen Johanna Maier, Bauersehefrau in Tegernsee, unterm 20. Mai 1898 ausgestellten Depotscheins der Bayerischen Handelsbank in München Nr. 2564,

II. }
III. } entsprechend dem Beispiel 1.

Zur Begründung dieses Antrags bringe ich vor:

Die Bauersehefrau Johanna Maier in Tegernsee hatte am 20. Mai 1898 ihr aus Wertpapieren bestehendes Vermögen der Bayerischen Handelsbank in München zur Aufbewahrung in offenem Depot übergeben und hierfür den obenbezeichneten, auf ihren Namen ausgestellten Depotschein Nr. 2564 erhalten.

Frau Maier legte den Depotschein in die unverschlossene Schublade eines Tisches ihres Wohnzimmers.

Am 14. Januar l. Js. starb Frau Maier; sie wurde von ihrem Ehemanne Josef Maier ausschließlich beerbt. Als Josef Maier bei Gelegenheit der Ordnung des Nachlasses den Depotschein suchte, war die Urkunde nicht mehr zu finden. Zweifellos ist die Urkunde abhanden gekommen oder versehentlich vernichtet worden; wann und auf welche Weise läßt sich nicht mehr feststellen. Jedenfalls fällt der Verlust in die Zeit zwischen 1. Januar 1899 und 20. Januar l. Js., da zu ersterem Zeitpunkte die Urkunde noch gesehen, zu letzterem Zeitpunkte der Verlust entdeckt wurde. Eine

Verfügung über die Urkunde durch Frau Maier ist ausgeschlossen; Frau Maier war in Geldangelegenheiten sehr unbeholfen und tat nichts ohne ihren Mann.

Josef Maier erbietet sich zur Versicherung der Wahrheit dieser Angaben an Eidesstatt.

Ich lege vor:

1. }
2. } wie in Beispiel 1.
3. }
4. Eine von der Bank hergestellte Zweitschrift des Depotscheins (oder mindestens die Bestimmungen der Bank über die Aufbewahrung der Depots), aus der sich der genaue Inhalt der Urkunde und ihre rechtliche Natur erkennen läßt.
5. Einen Erbschein.

Unterschrift ....

5. Betreff: **Aufgebot und Kraftloserklärung eines Wechsels.**

An München, den ....

....

....

Kgl. Amtsgericht wolle

I. das Aufgebotsverfahren einleiten zum Zwecke der Kraftloserklärung des von Karl Mandler unterm 5. April 1903 in Nürnberg auf Franz Müller in München gezogenen und von diesem acceptierten, an eigene Order gestellten und mit dem Blankoindossamente des Karl Mandler versehenen, am 15. Juli l. Js. fälligen Primawechsels über 1500 ℳ

II. III. Entsprechend dem Beispiel 1.

Begründung: ....

Vorlage: 1., 2. und 3. wie in Beispiel 1.

4. Eine wiederhergestellte (rekonstruierte) Zweitschrift des Wechsels.

Unterschrift ....

II. Beispiele für Aufgebotsbeschlüsse.

1. Verfahren nach der Civilprozeßordnung mit Zahlungssperre.

Pr.R.Nr. ....

In Sachen

1. NN., PRNr. 175 E
2. „ „ ꝛc.

betreffend Aufgebotsverfahren zur Kraftloserklärung von Urkunden und Zahlungssperre

erläßt

das kgl. Amtsgericht München I Abt. A f. C. S.
der kgl. Amtsrichter

I. Beschluß.

In der Erwägung,

daß das Aufgebotsverfahren zulässig ist (§ 946 CPO.) und zwar auf Grund:

§ 799 B.GB., Art. 174 EG. B.GB. bezügl. Betreff 1 (Inhaberschuldverschreibung);

Art. 101 EG. B.GB., Art. 54 Abs. 1 AG. B.GB. § 799 B.GB. bezügl. Betreff 2 (auf Namen umgeschriebenes Staatspapier);

Kgl. Verordnungen vom 10. Oktober 1810 u. 17. August 1813, Art. 170 EG. B.GB. bezügl. Betreff 3 (Namenpapier);

§ 808 B.GB., Art. 177 EG. B.GB. bezügl. Betreff 4 (Versicherungspolice);

§ 228 HGB., Art. 25 EG. HGB. bezügl. Betreff 5 (Aktie);

Art. 73 WO. bezügl. Betreff 6 (Wechsel);

§§ 363, 365 Abs. 2 HGB. bezügl. Betreff 7 (kaufmännisches Orderpapier);

daß das Gericht zuständig ist: § 1005 CPO., bezügl. Betreff 2: § 1006 CPO. mit Art. 69 AG. CPO. in der Fassung des Art. 166 Nr. XIV AG. B.GB.;

daß der Antrag formgerecht gestellt ist: §§ 947, 1007 CPO.;

daß die Antragsberechtigung nach § 1004 Abs. 1 CPO. bezügl. Betreff 1 und § 1004 Abs. 2 CPO. bezügl. der übrigen Betreffe, sowie der Verlust glaubhaft gemacht ist: § 1007 Z. 2 CPO.;

daß die Voraussetzungen der §§ 1010—1013 mit 1015 CPO. bezügl. Betreff 1 und 5, des § 1014 mit § 1015 CPO. bezügl. Betreff 6 und 7 vorliegen, bezügl. Betreff 2 gemäß Art. 54 Abs. 2 AG. B.GB., bezügl. Betreff 3 gemäß Art. 7 ÜG., nicht zu beachten sind,

wird

gemäß §§ 947, 1008, 948, 1009, 204, 950, 1015, 959 CPO., bezügl. des Betreffs 4 auch gemäß § 1023 CPO., Art. 69a Abs. 4 AG. CPO. in der Fassung des Art. 166 Nr. XIV AG. B.GB.

dem Gesuche nachbezeichneter Antragsteller auf Einleitung des Aufgebotsverfahrens zur Kraftloserklärung folgender angeblich abhanden gekommener bezw. vernichteter Urkunden stattgegeben, die Bekanntmachung des Aufgebots angeordnet und die Verbindung der vorliegenden Aufgebotsfälle verfügt.

Es werden demnach aufgeboten:

1. der Pfandbrief auf Antrag des NN. vom
2. ....

Ferner wird gemäß § 1019 CPO. bezüglich des vorstehend in Ziffer 1 näher bezeichneten Pfandbriefs dem Antrage auf Zahlungssperre stattgegeben und

a) an den Aussteller NN.
b) an die in der Urkunde bezeichneten Zahlstellen, nämlich ....
c) an die vom Antragsteller benannten Zahlstellen, nämlich ....

das Verbot erlassen, an den Inhaber des Papiers eine Leistung zu bewirken, insbesondere neue Zinsscheine oder einen Erneuerungsschein auszugeben, sowie die öffentliche Bekanntmachung der Zahlungssperre angeordnet.

II. Aufgebot und Zahlungssperre.

Der Verlust nachbezeichneter Urkunden ist glaubhaft gemacht. Auf Antrag werden diese Urkunden zum Zwecke der Kraftloserklärung aufgeboten, nämlich:

1. der .... Pfandbrief ....; Antragsteller: NN.
2. ....

Die Inhaber vorbezeichneter Urkunden werden aufgefordert, spätestens in dem auf

Montag, den 9. Mai 1904, vorm. 9 Uhr

im Zimmer Nr. des k. Amtsgerichts ....

anberaumten Aufgebotstermin ihre Rechte bei dem unterfertigten Gericht anzumelden und die Urkunden vorzulegen, widrigenfalls die Kraftloserklärung erfolgen wird.

Ferner wird bekannt gegeben, daß bezüglich des oben in Ziffer 1 bezeichneten Pfandbriefs auf Antrag

Zahlungssperre

und demgemäß an den Aussteller sowie an die in der Urkunde und die vom Antragsteller benannten Zahlstellen das Verbot erlassen ist, an den Inhaber der Urkunde eine Leistung zu bewirken, insbesondere neue Zinsscheine oder einen Erneuerungsschein auszugeben.

III. Verfügung.

In die Gerichtsschreiberei:

a) Zustellung je einer Ausfertigung von I und II, soweit betroffen, an die Antragsteller bezw. deren Vertreter.
b) Anheftung des Aufgebots nebst Zahlungssperre während 14 Tagen an der Gerichtstafel und Veranlassung der Anheftung während des gleichen Zeitraums im hiesigen Börsenlokale.
c) Veranlassung der Bekanntmachung des Aufgebots nebst Zahlungssperre im Deutschen Reichsanzeiger und im Amtsblatte je 3 mal in zweimonatlichen Zwischenräumen.
d) Zustellung nachfolgender Benachrichtigung von der Zahlungssperre an den Aussteller sowie an die im Beschlusse bezeichneten Zahlstellen:

Sie werden benachrichtigt, daß mit Beschluß des unterfertigten Gerichts vom .... bezüglich des Pfandbriefs .... auf Antrag des .... vom .... das Aufgebotsverfahren eingeleitet und die Zahlungssperre erlassen wurde.

Es ergeht hiemit an Sie als . . . (Aussteller oder in der Urkunde bzw. im Papiere benannte Zahlstelle) das Verbot, an den Inhaber der Urkunde eine Leistung zu bewirken, insbesondere neue Zinsscheine oder einen Erneuerungsschein auszugeben.

e) Ausfertigung folgender Mitteilung vom Aufgebote des Staatspapiers an die kgl. bayerische Staatsschuldentilgungskommission in München:

Ich beehre mich ergebenst mitzuteilen, daß die nachbezeichnete Urkunde zum Zwecke der Kraftloserklärung aufgeboten ist, nämlich ....

f) Bewertung und Kostenberechnung.

München, den ....

Kgl. Amtsgericht München I Abt. A f. C. S.

Der kgl. Amtsrichter.

2. Verfahren nach Art. 69a AG. CPO.

I. Beschluß.

In der Erwägung,

daß auf Grund § 808 B.GB., Art. 177 EG. B.GB., Art. 69a AG. CPO. in der Fassung des Art. 166 Nr. XIV AG. B.GB. das Aufgebotsverfahren zulässig ist (§ 946 CPO.);

daß das Gericht zuständig ist (§ 1005 CPO.);

daß der Antrag formgerecht gestellt ist (§§ 947, 1007 CPO.;

daß die Antragsberechtigung (§ 1004 Abs. 2 CPO.) sowie der Verlust glaubhaft gemacht ist (§ 1007 Z. 2 CPO.);

wird

gemäß § 947, 1008 CPO., Art. 69a AG. CPO. in der Fassung des Art. 166 Nr. XIV AG. B.GB. mit 1023 CPO., § 959 CPO. dem Gesuche nachbezeichneter Antragsteller auf Einleitung des Aufgebotsverfahrens zur Kraftloserklärung folgender angeblich abhanden gekommener bezw. vernichteter Urkunden stattgegeben, die Bekanntmachung des Aufgebots angeordnet und die Verbindung der vorliegenden Aufgebotsfälle verfügt.

Es werden demnach aufgeboten:

1. der auf den Namen des NN. unterm .... ausgestellte Depotschein Nr. der .... in
2. ....

II. Aufgebot.

Entsprechend dem Beispiel 1 ohne Zahlungssperre mit dreimonatlicher Frist.

III. Verfügung.

In die Gerichtsschreiberei:

a) Zustellung je einer Ausfertigung von I und II, soweit betroffen, an die Antragsteller bezw. deren Vertreter.
b) Anheftung des Aufgebots während 14 Tagen an der Gerichtstafel.
c) Veranlassung der Bekanntmachung des Aufgebots im Amtsblatte 2 mal in 1 monatlichem Zwischenraum.
d) Bewertung und Kostenberechnung.

M., den ....

Kgl. Amtsgericht ....

Der kgl. Amtsrichter.

III. Beispiel für einen Beschluß auf vorläufige Zahlungssperre nach § 1020 CPO.

In Sachen

NN.
NN. ....

wegen Zahlungssperre

erläßt

das k. Amtsgericht
der k. Amtsrichter

I. Beschluß.

Gemäß § 799 B.GB. mit Art. 174 EG. B.GB., § 1005 CPO. (oder § 1006 CPO., Art 69 AG. CPO. in der Fassung des Art. 166 Nr. XIV AG. B.GB.), §§ 947, 1007, 1004 CPO.

wird

im Hinblick auf §§ 1010—1013 und 1015 CPO.,
in Anwendung der §§ 947 Abs. 1, 1020, 1019, 948 und 204 CPO. dem Gesuche nachbezeichneter Antragsteller auf Erlassung der Zahlungssperre bezüglich folgender, nach glaubhaft gemachten Angaben abhanden gekommener bezw. vernichteter Urkunden stattgegeben, die Bekanntmachung der Zahlungssperre angeordnet und die Verbindung der vorliegenden Betreffe gemäß § 959 CPO. verfügt.

Es wird demnach

1. auf Antrag des NN. bezüglich des .... Pfandbriefs,
2. auf Antrag des NN. bezüglich des Pfandbriefs
   je an den Aussteller, nämlich

   zu 1:
   zu 2:

sowie an die in dem Papiere benannten und vom Antragsteller bezeichneten Zahlstellen, nämlich

zu 1:
zu 2:

das Verbot erlassen, an den Inhaber des Papiers eine Leistung zu bewirken, insbesondere neue Zinsscheine oder einen Erneuerungsschein auszugeben.

II. Öffentliche Zahlungssperre.

Durch Beschluß des unterfertigten Gerichts vom .... wurde gemäß § 1020 CPO. auf Antrag die

Zahlungssperre

bezüglich nachbezeichneter, nach glaubhaft gemachten Angaben zu Verlust gegangener Urkunden angeordnet nämlich

1. auf Antrag des NN. bezüglich der ....
2. auf Antrag des NN. bezüglich der ....

Es ist sonach je an den Aussteller sowie an die in den Urkunden und vom Antragsteller benannten Zahlstellen das Verbot erlassen, an den Inhaber der Urkunde eine Leistung zu bewirken, insbesondere neue Zinsscheine oder einen Erneuerungsschein auszugeben.

III. Verfügung.

In die Gerichtsschreiberei:

a) Anheftung der Zahlungssperre an der Gerichtstafel während 14 Tagen.

b) Bekanntmachung der Zahlungssperre 1 mal im D.R.A.Z. und 2 mal im Amtsblatte.

c) Zustellung folgender Benachrichtigung von der Zahlungssperre je an die im Beschlusse bezeichneten Aussteller und Zahlstellen:

Sie werden benachrichtigt, daß mit Beschluß des unterfertigten Gerichts vom die Zahlungssperre erlassen wurde bezüglich ....

[einzuschalten zu 1: des .... auf Antrag des NN.
" zu 2: des .... auf Antrag des NN.]

Es ergeht hiemit an Sie als Aussteller bezw. Zahlstelle das Verbot, an den Inhaber der Urkunde eine Leistung zu bewirken, insbesondere neue Zinsscheine oder einen Erneuerungsschein auszugeben.

d) Zustellung einer Ausfertigung des Beschlusses je an die Antragsteller.

f) Bewertung und Kostenberechnung.

g) Vormerkung zur Wiedervorlage am gemäß § 1021 CPO.

h) Akt sodann weglegen.

M. den ....

Kgl. Amtsgericht ....

Der kgl. Amtsrichter.

IV. Beispiele für Ausschlußurteile.

1. Verfahren nach der Civilprozeßordnung.

Pr.R.Nr. München, den

Im Namen Seiner Majestät des Königs von Bayern

erläßt

das k. Amtsgericht München I Abt. A f. C.S.
der k. Amtsrichter ....

in Sachen

1. NN., Bauer in X, vertreten durch Rechtsanwalt Y in Z;
2. ....

wegen Kraftloserklärung
von Urkunden

folgendes

Ausschlußurteil:

I. Für kraftlos werden erklärt:

1. Auf Antrag des NN., Bauer in X, der Pfandbrief
2. ....

II. Die Antragsteller haben die Kosten des Verfahrens und zwar, soweit ausscheidbar nach Maßgabe ihrer Beteiligung, im übrigen nach Kopfteilen zu tragen.

Tatbestand und Gründe.

Die im Urteilssatze unter I 1— genannten Personen bezw. ihre Vertreter beantragten im Laufe des Jahres .... Einleitung des Aufgebotsverfahrens zum Zwecke der Kraftloserklärung der im Urteilssatze bezeichneten Urkunden.

In Begründung dieser Anträge gemäß § 947 und 1007 CPO. wurde unter Erbietung zur eidesstattlichen Versicherung der gemachten Angaben in glaubhafter Weise dargetan, daß die bezeichneten Urkunden den Antragstellern bezw. ihren Rechtsvorgängern abhanden gekommen bezw. vernichtet sind und zwar erfolgte der Verlust angeblich:

zu 1: am 10. Mai 1895 durch Brand;
zu 2: im März 1897 auf unaufgeklärte Weise;
zu 3: in den Jahren 1895—1897 zu nicht mehr feststellbarer Zeit auf unaufgeklärte Weise;
zu 4: ....

Die Tatsachen, von denen die Berechtigung zur Antragstellung abhängt, sind gleichfalls glaubhaft gemacht und zwar bezügl. Betreff .... (Inhaberpapier, bezw. in blanco indossierter Wechsel, bezw. in blanco indossiertes Orderpapier) gemäß § 1004 Abs. 1 CPO., bezügl. der übrigen Betreffe gemäß § 1004 Abs. 2 CPO.

Soweit nicht eine Abschrift der Urkunden beigebracht ist, ist der wesentliche Inhalt der Urkunde und alles angegeben, was zu ihrer vollständigen Erkennbarkeit erforderlich ist.

Das Aufgebotsverfahren wurde mit Beschluß vom antragsgemäß eingeleitet.

Das Aufgebot enthielt gemäß § 1008 CPO. die Aufforderung an die Inhaber der angeblich zu Verlust gegangenen Urkunden, ihre Rechte auf diese Urkunden bei Meidung der Kraftloserklärung spätestens im Aufgebotstermine .... anzumelden.

Die Veröffentlichung des Aufgebots erfolgte gemäß §§ 948 1009 und 204 CPO: durch Bekanntmachung a) im D.R.A.Z. Nr. .... vom Beilage, Nr. ....
b) in der .... Zeitung, das ist das für die amtlichen Bekanntmachungen des unterfertigten Gerichts bestimmte Blatt, Nr. .... vom ...., Nr. .... vom ...., Nr. .... vom ....; ferner durch Anheftung a) an der Gerichtstafel des unterfertigten Gerichts in der Zeit vom .... bis ...., b) im Lokale der am Sitze des Gerichts befindlichen Börse in der Zeit vom .... bis ....

Der Antrag auf Kraftloserklärung durch Ausschlußurteil ist bezüglich jeder Urkunde gestellt und zwar im Betreff .... schriftlich, im Betreff mündlich im Aufgebotstermine (§ 952 CPO.).

Die Zuständigkeit des unterfertigten Gerichts ist gegeben und zwar bezügl. Betreff .... gemäß § 1005 CPO., bezügl. Betreff .... (Staatspapier) gemäß § 1006 CPO., Art. 69 AG. CPO. in der Fassung des Art. 166 Nr. XIV AG. B.GB.

Die Kraftloserklärung ist für die einzelnen Arten von Urkunden durch das Gesetz zugelassen und zwar gemäß
§ 799 B.GB. mit Art 174 EG. B.GB. bezügl. Betreff 1,
§ ....

Die Vorschriften der Civilprozeßordnung über das Verfahren sind beobachtet, insbesondere §§ 947, 1007, 1008, 948, 1009, 950, 1015, ferner sind bei Ansetzung des Aufgebotstermins die Bestimmungen der §§ 1010—1015 CPO. eingehalten und zwar:

bezügl. Betreff 1 : § ....

bezügl. Betreff ....

Die Zeugnisse der Aussteller gemäß § 1010 Abs. 2. und § 1011 Abs. 2 CPO. sind, soweit gesetzlich vorgeschrieben, vorgelegt. Im Betreff .... war durch Vorlage der Zinsscheine gemäß § 1012 CPO. die Beibringung eines Zeugnisses des Ausstellers nicht erforderlich.

Nicht zu beobachten waren die Bestimmungen der § 1010 bis 1014 CPO. im Betreff .... gemäß Art. 54 AG. B.GB., im Betreff .... gemäß Art. 7 ÄG.

Rechte auf die aufgebotenen Urkunden sind bis zur Erlassung des Urteils von dritter Seite nicht angemeldet worden. (§ 953 CPO.

Als Veranlasser des Verfahrens haben die Antragsteller die Kosten gemäß § 91 ff. CPO., § 89 GKG. zu tragen.

Kgl. Amtsgericht München I. Abt. A f. CS.

Der kgl. Amtsrichter.

Verkündet am fünften April neunzehnhundertdrei.

NN., Gerichtsschreiber.

Verfügung.

In die Gerichtsschreiberei:

a) Erteilung der Urteilsausfertigungen.
b) Bekanntmachung des Urteilssatzes einmal im D.R.A.Z. (§ 1009 Abs. 2 CPO.).
c) Aushängung des Urteils an der Gerichtstafel.
f) Verständigung der k. Staatsschuldentilgungskasse von der Erlassung des Ausschlußurteils bezügl. Betreff .... (Staatspapiere).
g) Bewertung und Kostenberechnung.
h) Weglegung der Akten nach Erledigung der Verfügung.

Datum ....

NN., k. Amtsrichter.

2. Verfahren nach Art. 69a AG. CPO.

Urteil.

[Eingang, Urteilssatz, Tatbestand und Gründe entsprechend dem Beispiel 1 bis zur Veröffentlichung.]

....

Die Veröffentlichung des Aufgebots erfolgte gemäß § 1023 CPO. und Art. 69a Abs. 2 AG. CPO. in der Fassung des Art. 166 Nr. XIV AG. B.GB. durch zweimalige Bekanntmachung in der .... Zeitung — das ist das für die amtlichen Bekanntmachungen des Gerichts bestimmte Blatt — Nr. .... vom und Nr. .... vom .... sowie durch Anheftung an der Gerichtstafel in der Zeit vom .... bis ....

Der Antrag auf Kraftloserklärung .... } entsprechend dem
Die Zuständigkeit .... } Beispiel 1.

Die Kraftloserklärung ist gemäß § 808 B.GB. und Art. 177 EG. B.GB. zulässig. (§ 946 CPO.)

Die Vorschriften über das Aufgebotsverfahren, insbesondere §§ 947, 1007, 1008, 1015 Satz 2 CPO., Art. 69a Abs. 2 AG. CPO. sind beobachtet.

Rechte auf die aufgebotenen Urkunden .... wie in Beispiel 1.

....

Verfügung.

[Entsprechend dem Beispiel 1 mit Ausnahme b.:]

....

b) Bekanntmachung des Urteilssatzes einmal im Amtsblatte. (Art. 69a Abs. 3 AG. CPO.)

V. Beispiele für die Zeugnisse der Aussteller.

1. Zeugnis vor Einleitung des Aufgebotsverfahrens oder: vor Erlassung der Zahlungssperre.

Zeugnis.

Es wird hiermit bestätigt, daß der ..... %ige Pfandbrief unserer Bank Serie .... Lit. .... Nr. .... zu .... Mk. auf den Inhaber lautet und mit einer Namenseinschreibung nicht versehen ist.

[Oder: am .... auf Namen des NN. in .... umgeschrieben und nicht wieder auf den Inhaber gestellt wurde.]

Der Pfandbrief ist nicht eingezogen, gekündigt oder verlost.

[Oder: Der Pfandbrief ist seit .... mit Zinsende vom .... eingezogen — gekündigt — verlost.]

Zu diesem Pfandbrief ist zuletzt am .... ein Zinsscheinbogen, umfassend die Zinsscheine vom .... bis .... ausgegeben.

[Bei Neuausgabe von Zinsscheinen innerhalb eines Jahres ist dem Zeugnisse beizufügen:

Die Ausgabe neuer Zinsscheinbögen erfolgt am .... oder im Monate ....]

Die ausgegebenen Zinsscheine werden eingelöst.

[Oder: Nach einer in den Zinsscheinen enthaltenen Bestimmung werden infolge der Einziehung — Kündigung — Verlosung — die ausgegebenen Zinsscheine vom .... bis .... nicht mehr eingelöst.]

Der Pfandbrief enthält keine Bestimmung, daß die Kraftloserklärung ausgeschlossen sein, ferner daß das Aufgebot oder das Ausschlußurteil [bezw. die Zahlungssperre] noch durch andere als die gesetzlich vorgeschriebenen Bekanntmachungsblätter veröffentlicht werden soll.

[Bei Antrag auf Zahlungssperre: Als Zahlstellen sind in den Urkunden benannt: ....]

[NB. Der Inhalt des Zeugnisses nach § 1010 Abs. 2 und § 1011 Abs. 2 CPO. ist zweckmäßiger Weise hier anzureihen: siehe die nächsten Formulare.

Beim Zeugnisse vor Erlassung der vorläufigen Zahlungssperre ist der Inhalt der Zeugnisse nach § 1010 Abs. 2 und § 1011 Abs. 2 insoweit erforderlich, als dadurch festgestellt wird, das die Einleitung des Aufgebotsverfahrens zur Zeit **nicht** zulässig ist.]

M., den ....

NN.

2. Zeugnis vor Erlassung des Ausschlußurteils.

a) Nach § 1010 Abs. 2 CPO.

Zu unserem ..... % igen Pfandbriefe Serie .... Lit. .... Nr. .... wurde am .... ein neuer Zinsscheinbogen mit dem ersten Zinsscheine vom .... ausgegeben.

Es wird bestätigt, daß der bezeichnete Pfandbrief seit der Zeit des angeblichen Verlustes, d. i. seit dem ...., uns zur Ausgabe neuer Scheine nicht vorgelegt wurde und daß die neuen Scheine noch bei uns zur Verfügung des Berechtigten liegen.

Oder: daß die neuen Scheine an NN. für NN. ausgegeben wurden.

Oder: daß die neuen Scheine ausgegeben wurden; der Empfänger der neuen Scheine ist uns nicht bekannt.

b) Nach § 1011 Abs. 2 CPO.

Zu unserem ..... % igen Pfandbriefe Serie .... Lit. .... Nr. .... wurde am .... ein Zinsscheinbogen, umfassend die Zinsscheine vom .... bis .... einschließlich, ausgegeben.

Es wird bestätigt, daß die nach dem angeblichen Verluste, d. i. die nach dem .... fällig gewordenen Zinsscheine (oder: daß die Zinsscheine für die letzten vier Jahre nämlich vom .... bis .... einschließlich) uns nicht vorgelegt wurden.

Oder: uns von NN. für NN. vorgelegt wurden.

Oder: uns vorgelegt wurden; der Vorleger ist uns nicht bekannt; die Scheine tragen jedoch auf der Rückseite den Vermerk: NN.

c) Nach § 1011 Abs. 2 Satz 2 CPO.

An den Inhalt des Zeugnisses unter b hat sich anzureihen:

Während des Aufgebotsverfahrens, nämlich am ...., wurde ein neuer Zinsscheinbogen ausgegeben. Es wird deshalb ferner bestätigt, daß ....

Entsprechender Inhalt des Zeugnisses a!

d) Nach § 1013 CPO.

Zu unserem ..... % igen Pfandbriefe Serie .... Lit. .... Nr. .... wird infolge Kündigung — Auslosung — kein neuer Zinsscheinbogen mehr ausgegeben.

Es wird bestätigt, daß der letzte Schein der ausgegebenen Zinsscheinreihe, nämlich Schein Nr. .... vom ...., nicht eingelöst (oder: von NN. für NN. eingelöst) und auch der Pfandbrief selbst uns nicht vorgelegt wurde.

M., den

Aussteller.

VI. Gebührensätze
im Aufgebotsverfahren.

1) Gerichtsgebühren erster Instanz gemäß §§ 44, 8, 7 GKG.

Bei einem Gegenstandswerte	Je a) für die Entscheidung über die Zulässigkeit des Antrags auf Erlassung des Aufgebots, b) für die vor Einleitung des Aufgebotsverfahrens erfolgende Entscheidung über den Antrag auf Anordnung der Zahlungssperre, c) für die Verhandlung im Aufgebotstermine, d) für die Endentscheidung.	Für die Zurücknahme des Antrags. § 46 GKG.
bis zu 20 ℳ einschl.	— ℳ 20 ₰	— ℳ 20 ₰
von mehr als 20 ℳ bis 60 ℳ einschl.	— „ 30 „	— „ 20 „
„ „ „ 60 „ „ 120 „ „	— „ 50 „	— „ 20 „
„ „ „ 120 „ „ 200 „ „	— „ 80 „	— „ 20 „
„ „ „ 200 „ „ 300 „ „	1 „ 10 „	— „ 20 „
„ „ „ 350 „ „ 450 „ „	1 „ 50 „	— „ 20 „
„ „ „ 450 „ „ 650 „ „	2 „ — „	— „ 20 „
„ „ „ 650 „ „ 900 „ „	2 „ 60 „	— „ 30 „
„ „ „ 900 „ „ 1200 „ „	3 „ 20 „	— „ 40 „
„ „ „ 1200 „ „ 1600 „ „	3 „ 80 „	— „ 40 „
„ „ „ 1600 „ „ 2100 „ „	4 „ 40 „	— „ 50 „
„ „ „ 2100 „ „ 2700 „ „	5 „ — „	— „ 50 „
„ „ „ 2700 „ „ 3400 „ „	5 „ 60 „	— „ 60 „
„ „ „ 3400 „ „ 4300 „ „	6 „ 20 „	— „ 70 „
„ „ „ 4300 „ „ 5400 „ „	6 „ 80 „	— „ 70 „
„ „ „ 5400 „ „ 6700 „ „	7 „ 40 „	— „ 80 „
„ „ „ 6700 „ „ 8200 „ „	8 „ 10 „	— „ 90 „
„ „ „ 8200 „ „ 10000 „ „	9 „ — „	— „ 90 „
Die ferneren Wertklassen steigen um je 2000 ℳ.	Die ferneren Gebühren steigen um je 1 ℳ.	Die ferneren Gebühren steigen um je 10 ₰.

2) Anwaltsgebühren

gemäß §§ 40 und 9 der Gebührenordnung nach der Bekanntmachung vom 20. Mai 1898 RGBl. S. 692.

Bei einem Gegenstandswerte	Je a) für den Betrieb des Verfahrens, einschließlich der Information, b) für den Antrag auf Erlaß des Aufgebots, c) für den Antrag auf Anordnung der Zahlungssperre, sofern derselbe vor dem Antrag auf Erlaß des Aufgebots gestellt wird, d) für die Wahrnehmung des Aufgebotstermins.
bis zu 20 ℳ einschließl.	1 ℳ — ₰
von mehr als 20 ℳ bis 60 „ „	1 „ — „
„ „ „ 60 „ „ 120 „ „	1 „ 20 „
„ „ „ 120 „ „ 200 „ „	2 „ 10 „
„ „ „ 200 „ „ 300 „ „	3 „ — „
„ „ „ 300 „ „ 450 „ „	4 „ 20 „
„ „ „ 450 „ „ 650 „ „	5 „ 70 „
„ „ „ 650 „ „ 900 „ „	7 „ 20 „
„ „ „ 900 „ „ 1200 „ „	8 „ 40 „
„ „ „ 1200 „ „ 1600 „ „	9 „ 60 „
„ „ „ 1600 „ „ 2100 „ „	10 „ 80 „
„ „ „ 2100 „ „ 2700 „ „	12 „ — „
„ „ „ 2700 „ „ 3400 „ „	13 „ 20 „
„ „ „ 3400 „ „ 4300 „ „	14 „ 40 „
„ „ „ 4300 „ „ 5400 „ „	15 „ 60 „
„ „ „ 5400 „ „ 6700 „ „	16 „ 80 „
„ „ „ 6700 „ „ 8200 „ „	18 „ — „
„ „ „ 8200 „ „ 10000 „ „	19 „ 20 „
Die ferneren Wertklassen steigen um je 2000 ℳ;	
bis 50 000 ℳ	steigen die Gebühren um je 1 ℳ 20 ₰
„ 100 000 „	„ „ „ „ „ — „ 90 „
von da an	„ „ „ „ „ — „ 60 „

Alphabetisches Verzeichnis.

Die Zahlen verweisen auf die Seiten bezw. die Anmerkungen.

A.

Abhanden gekommene Urkunden 29 ff.
Absichtliche Entäußerung 32; — Vernichtung 33.
Abwesenheitspfleger: Antragsteller 57.
Aktien: Kraftloserklärung 18; — Antragsberechtigung 49; — Wirkung des Ausschlußurteils auf die Gewinnanteilscheine 11, 19, 86; — Einziehung 5; — Kraftloserklärung durch den Aussteller 5; — Kaduzierung 5.
Aktienbuch: Antragsberechtigung bei Eintrag im Aktienbuche 49.
Aktieninterimsscheine: siehe Aktien.
Allgemeiner Gerichtsstand: Voraussetzung der Zuständigkeit 54.
Allgemeine Gütergemeinschaft: Antragsberechtigung 48.
Allgemeine Staatsschuld 16 A. 5.
Amortisation: Kraftloserklärung im Aufgebotsverfahren 5 A. 4; — Vernichtung durch den Aussteller 5 A. 5.
Anerkenntnisschein 24 A. 1.
Anfechtbare Willenserklärung: Verlustgrund 30.
Anfechtungsklage 76 ff.
Anheftung an der Gerichtstafel bezw. im Börsenlokale 67.
Anmeldung der Rechte Dritter 69 ff.
Ansprüche Dritter 69 ff., 83.
Anstalt des öffentlichen Rechtes: Zuständigkeit des Aufgebotsgerichts 56; — auf Namen umgeschriebene Schuldverschreibungen dieser Anstalt: Kraftloserklärung 16; Ausschluß der §§ 1010—1014 CPO. 43.
Anteilscheine der Gesellschaften m. b. Haftung 19; — der eingetragenen Genossenschaften 20; — der Reichsbank 18.
Antrag: auf Erlaß des Aufgebots 59; — des Ausschlußurteils 59, 74; — der Zahlungssperre 59, 86.
Antragsberechtigung 44 ff.; — gemeinsame 48; — teilweise 48; — des Verpflichteten, des Ausstellers 45, 50; — Uebergang 45.
Antragstellung 57 ff.
Anwaltsgebühren 80.
Anweisung, kaufmännische 23.
Armenrecht 52, 60 A. 1, 64.
Aufgebot: Antrag 59; — Inhalt 65; — Veröffentlichung 66; — Wirkung 83; — Erledigung 70, 68.
Aufgebotsfrist 65.
Aufgebotstermin: Ansetzung 65; — — Bekanntmachung 66; — Abhaltung 71.
Aufgebotsverfahren verschiedener Art 5.
Auskunftserteilung: Pflicht des Ausstellers 60 A. 2.
Ausländische Urkunden 92 ff.; — Urteile 94; — Rechte 93.
Auslosungstermin in der Urkunde 43.
Ausnahmen im Ausschlußurteile 71, 74, 76.
Ausschließung von Rechten 6.
Ausschlußurteil: Antrag 59; — Inhalt 74; — Veröffentlichung 74; Wirkung 83 ff.; — Rechtsmittel 76; — Anfechtung 76.
Aussetzung des Verfahrens 52, 80.
Aussteller: Antragsteller 45, 50; — Auskunftpflicht 60 A. 2; — Zeugniserteilung 62, 72; — Verhalten nach dem Ausschlußurteile 83 ff.
Außerkurssetzung 16 A. 2.

B.

Banknoten, keine Kraftloserklärung 12.
Beistand 58.
Bekanntmachung: des Aufgebots 66; — des Ausschlußurteils 74; — der Zahlungssperre 88; — der Aufhebung der Zahlungssperre 89.
Beschädigte Urkunden 33.
Beschränkungen im Urteile 70, 74 76.

Beschwerde: 1) einfache, gegen: Abweisung des Aufgebots 64; — Abweisung der Zahlungssperre 90; — Abweisung der Aufhebung der Zahlungssperre 90; — Erlaß des Aussetzungsbeschlusses 73;
2) sofortige, gegen: Abweisung des Antrags auf Ausschlußurteil 73; — Abweisung des Aussetzungsantrags 73; — Vorbehalte, Ausnahmen, Beschränkungen im Ausschlußurteile 76; — Aufhebung der Zahlungssperre 90.
Besitzdiener: Urkundenverlust 32; — Antragsberechtigung 45.
Besitzer, mittelbarer: Urkundenverlust 31; — Antragsberechtigung 45.
Besitztitelberichtigung durch Präklusion 6.
Besserungsschein 24 A. 1.
Bestallungsurkunde des Vormunds, — des Konkursverwalters: Ungültigkeitserklärung 5 A. 6; — Vorlage 60, 64.
Bestimmung des zuständigen Gerichts 57.
Bestreitung der Rechte 70, 71.
Betrunkenheit: Verlustursache 29.
Bevollmächtigter 58.
Beweisaufnahme 61, 64.
Beweisurkunden 7.
Bewußtlosigkeit: Verlustursache 29.
Biermarken: keine Kraftloserklärung 13.
Billeten: keine Kraftloserklärung 13.
Blankettwechsel: Kraftloserklärung 23 A. 2.
Blankoaccepte: Kraftloserklärung 23 A. 2.
Bodmereibrief: Kraftloserklärung 24.

C.

Check: Kraftloserklärung 24.
Civilliste: Antragstellung 59; — Zuständigkeit des Aufgebotsgerichts 55.
Civilprozessuale Grundsätze 51.
Communal = Kommunal.
Coupon = Zinsschein.

D.

Depotschein: Kraftloserklärung 14; — siehe auch inhaberpapierähnliches Namenpapier.
Dieb: Antragsberechtigter 45.
Diebstahl: Verlustgrund 29.
Dividendenleisten = Erneuerungsschein.
Dividendenschein = Gewinnanteilschein.
Dritte im Aufgebotsverfahren 69.
Drohung: Verlustursache 31.
Druckfehlerberichtigung 67.

E.

Ehefrau: Antragsberechtigung 47, 48; — Antragstellung 58.
Eheliche Güterverhältnisse: Einfluß auf die Antragsberechtigung 47, 48.
Ehemann: Antragsberechtigung 47, 48.
Eidesstattliche Versicherung: Erbietung 61; — Zulassung 61, 73; — Abnahme 61.
Eigentümer: Antragsberechtigung 45, 47.
Eisenbahnbauschuldverschreibung: siehe Staatsschuldverschreibung.
Entäußerung, absichtliche 32.
Entmündigter: Verlustträger 30; — Antragsteller 57.
Erbengemeinschaft: gemeinsame Antragsberechtigung 48.
Erbnachfolger: Antragsberechtigung 45.
Erbschein: Ungültigkeitserklärung 6; — Vorlage 61.
Erfüllungsort: Voraussetzung der Zuständigkeit 53.
Erneuerungsschein: Kraftloserklärung 11 ff., 19; — Wirkungen des Ausschlußurteils 86; — der Zahlungssperre 90; — Vorlage gem. § 1012 CPO. 39.
Erpressung: Verlustursache 31.
Errungenschaftsgemeinschaft: Antragsberechtigung 48.
Ersatzurkunde 33.
Ewiggeldbriefe 26.

F.

Fahrkarten: keine Kraftloserklärung 13.
Fahrnisgemeinschaft: Antragsberechtigung 48.
Fälligkeitstermin in der Urkunde 42.
Fälligkeitszuschlag bei Fristberechnung 35 ff.
Feriensache 51, 64.
Fideikommiß: Antragstellung 59.
Finder: Antragsberechtigter 45.
Fiskus: Antragstellung 59.

Fortgesetzte Gütergemeinschaft: Antragsberechtigung 48.
Frachtbrief: keine Kraftloserklärung 24 A. 2.
Fristen: siehe Aufgebotsfristen.

G.

Gebrechliche: Antragstellung 57.
Gebühren 79.
Gebührenvorschuß 79.
Geisteskranke: Antragstellung 57; — Urkundenverlust durch einen G. 29.
Gemeinde: Antragsteller 59; — siehe auch Körperschaft.
Gemeindeschuldverschreibungen des öffentlichen Rechtes: Zuständigkeit 56; — auf Namen umgeschriebene: Kraftloserklärung 16; Ausschluß der §§ 1010–1014 CPO. 43.
Gemeinschaft des § 741 B.GB.: Antragsberechtigung 48.
Gemeinschaftliche Antragsberechtigung 48.
Genossenschaftsanteile: keine Kraftloserklärung 20.
Genußscheine: Kraftloserklärung 21, 24 A. 1.
Gerichtsferien 66.
Gerichtsschreiberei: Antragstellung 59; — Tätigkeit nach Antragstellung 63, nach Erlaß des Aufgebots 68, des Ausschlußurteils 75, der Zahlungssperre 88.
Gerichtsstand, allgemeiner 54.
Gesamtgutsgläubiger: Ausschließung 6.
Geschäftsanteile: der Gesellschaften m. beschr. Haftung 19; — der Genossenschaften 20.
Geschäftsfähigkeitsbeschränkte: Verlustträger 30; — Antragsteller 57, 58.
Geschäftsunfähige: Verlustträger 29; — Antragsteller 57.
Gesellschaft des § 705 B.GB.: Antragsberechtigung 48.
Gesellschaft m. beschr. Haftung: keine Kraftloserklärung der Anteilscheine 19.
Gewalt: Verlustgrund 31.
Gewerkenbuch: Eintrag als Voraussetzung für die Antragsberechtigung 49.
Gewerkschaft: Antragstellung 59.
Gewinnanteilscheine: keine Kraftloserklärung 8 ff., 15, 17; — Wirkung des Ausschlußurteils 11, 19, 86, der Zahlungssperre 90; — Fälligkeit als Voraussetzung des Aufgebots und des Ausschlußurteils 35 ff.; — Vorlage gem. § 1012 CPO. 38 ff.; — Zahlbarkeit 38.
Glaubhaftmachung 61, 64.
Grunddienstbarkeit: Ausschließung 6.
Grundrentenobligationen: siehe Staatsschuldverschreibungen.
Grundschuldbriefe: Kraftloserklärung 27.
Grundschuldgläubiger: Ausschließung 6, 26.
Grundstückeigentümer: Ausschließung 6.
Guter Glaube: Ausschließung durch Bekanntmachung im D.RAZ. 4.
Gütergemeinschaft, eheliche: Antragsberechtigung 48.
Gütergemeinschaftszeugnis: Ungültigkeitserklärung 6.
Güterrechtsverhältnis, eheliches: Einfluß auf die Antragsberechtigung 47 ff.
Gütertrennung: Antragsberechtigung 47.
Gutschein 13.

H.

Haupturkunde 9 A. 1.
Hemmung: der Verjährung bezw. der Vorlegungsfristen 83, 91; — des Fristenlaufs 91.
Hinkende Inhaberpapiere 13 A. 3.
Hypothekenbriefe: Kraftloserklärung 26, 27.
Hypothekenforderungen: Kraftloserklärung 26; — Ausschließung 6, 26.

J.

Inhaber, bisheriger: Antragsberechtigung 45.
Inhaberaktien: Kraftloserklärung 18.
Inhaberpapierähnliche Namenpapiere = Urkunden nach § 808 B.GB.: Kraftloserklärung 13; — Aufgebotsfrist 65; Veröffentlichung des Aufgebots 66, des Ausschlußurteils 75.
Inhaberpapiere: siehe Inhaberschuldverschreibungen, Inhaberaktien.
Inhaberpapiere, hinkende = inhaberpapierähnliche Namenpapiere.
Inhaberpapiere, kleine = Verpflichtungszeichen.
Inhaberschuldverschreibungen: Kraftloserklärung 7 ff.; — Antragsberechtigung 44 ff.; — Umschreibung auf Namen 16 ff.

Inhabung 29 ff.
Interimsscheine für Aktien 18; — für Renten 9 A. 1.
Internationales Privatrecht 93.
Irrtum: Verlustgrund 31.

K.

Kaduzierung 5.
Karten: keine Kraftloserklärung 13.
Kaufmännische Anweisungen 23; — Orderpapiere 23; — Rektaanweisungen 24; — Verpflichtungsscheine 23.
Kilometerhefte der Eisenbahnen 13.
Kirchengemeinde: Antragsteller 59; — siehe auch Körperschaft.
Kleine Inhaberpapiere 13 A. 1.
Königliches Haus: Zuständigkeit des Aufgebotsgerichts 55.
Körperschaft des öffentlichen Rechtes: siehe Anstalt.
Kommunal: siehe Gemeinde.
Konkursverwalter: Antragsteller 58; — Kraftloserklärung der Bestallungsurkunde 5 A. 6.
Konossemente: Kraftloserklärung 24.
Konvertierungsbestimmung in der Urkunde 43.
Kosten 78.
Kostenvorschuß 78.
Koupon = Zinsschein.
Kraftloserklärung: verschiedene Arten 5.
Kündigungstermin in der Urkunde 43.
Kurscheine: Kraftloserklärung 22; — Antragsberechtigung 49.

L.

Ladescheine: Kraftloserklärung 24.
Lagerscheine: Kraftloserklärung 24.
Landeskulturrentenscheine: siehe Staatsschuldverschreibungen.
Legitimationspapiere nach § 807 B.GB. = Verpflichtungszeichen; — nach § 808 B.GB. = inhaberpapierähnliches Namenpapier; — einfaches Legitimationspapier 7.
Leihhausscheine 14.
Lotterielose 8, 42.

M.

Mantel des Pfandbriefs 9 A. 1.
Marken 13.
Mieter: Urkundenverlust durch den M. 32; — Antragsberechtigung 45.
Minderjährige: Verlustträger 29, 30; — Antragsteller 57.
Mittelbarer Besitzer: siehe Besitzer.
Mortifikation = Kraftloserklärung.
Mortifikationsschein 15 A. 3.

N.

Nachlaßgläubiger: Ausschließung 6.
Nachlaßpfleger: Antragsteller 58.
Nachlaßverwalter: Antragsteller 58 A. 1.
Namenaktien 18.
Namenpapiere: Kraftloserklärung 15; — Ausschluß der §§ 1010—1014 CPO. 43.
Namensumschreibung: auf den Namen eines bestimmten Berechtigten umgeschriebene Inhaberpapiere: Kraftloserklärung 16 ff.; — Ausschluß der §§ 1010—1014 CPO. 43.
Neue Urkunden 84; — siehe auch Ersatzurkunden.
Niederlagescheine der Hauptzollämter 14.
Niederlassung: Gerichtsstand 55.
Nießbraucher: Verlust durch den N. 32; — Antragsberechtigung 44, 45, 47, 48.
Notar: kein Antragsrecht bei Nachlaßauseinandersetzung 58 A. 1; — Abnahme eidesstattlicher Versicherung 61.
Notariatsurkunden 26.
Nutznießer: siehe Nießbraucher.
Nutznießungsrecht des Ehemanns 48.

O.

Öffentlich beglaubigtes Anerkenntnis 15.
Öffentlichen Rechtes: Körperschaften, Anstalten, Stiftungen: siehe diese Worte.
Orderpapiere, kaufmännische: Kraftloserklärung 23; — Wirkung des Aufgebots 83.

P.

Pächter: siehe Mieter.
Parteifähigkeit 57.
Pfandbriefmantel 9 A. 1.
Pfandgläubiger: Urkundenverlust durch den Pf. 32; — Antragsberechtigung 44, 45, 47, 48.
Pfandschein 14.
Pfleger: Antragsteller 58.

Policen = Versicherungspolicen.
Postanweisungen: keine Kraftloserklärung 24 A. 6.
Präklusion gegen Realprätendenten zur Besitztitelberichtigung 6.
Präklusionsurteil = Ausschlußurteil 1.
Prämienlose 8, 42.
Prozeßbevollmächtigter 58.
Prozeßfähigkeit 57.

Q.

Qualifiziertes Legitimationspapier = inhaberpapierähnliches Namenpapier 13.

R.

Raub: Verlustgrund 29.
Reallast: Ausschließung 6.
Realprätendent: Präklusion gegen den R. 6.
Rechtshülfe 49, 59, 64.
Rechtsnachfolger: Antragsberechtigung 45.
Reichsbankanteilscheine: Kraftloserklärung 18; — Zuständigkeit 56; — Verfahren 67; — Eintrag im Stammbuche 49.
Reichsschatzanweisungen und **Reichsschuldverschreibungen**: Kraftloserklärung 8; — Zuständigkeit 56; — Verfahren 67; — keine Kraftloserklärung bei Nachweis der Vernichtung 34.
Rektaanweisungen: kaufmännische 24.
Rektapapiere: 15.
Rektawechsel 22 A. 4.
Rentenbriefe = Rentenschuldverschreibungen 9 A. 1.
Rentencoupon = Rentenschein.
Renteninterimsscheine 9 A. 1.
Rentenscheine: keine Kraftloserklärung 8 ff., 15, 17; — Wirkung des Ausschlußurteils 11, 85, der Zahlungssperre 90; — Fälligkeit als Voraussetzung des Aufgebots und des Ausschlußurteils 35 ff.; — Vorlage gem. § 1012 CPO. 38 ff.; — Zahlbarkeit 38.
Rentenschuldbriefe: Begriff 9 A. 1; — Kraftloserklärung 26, 27; — Aufgebotsfrist 65; — Veröffentlichung des Aufgebots 66, des Ausschlußurteils 74.
Rentenschuldgläubiger: Ausschließung 6.
Rentenschuldverschreibungen 9 A. 1.
Rückzahlungstermin in der Urkunde 43.

S.

Scheck = Check.
Scheingeschäft: Verlustgrund 29.
Scherzhafte Willenserklärung: Verlustgrund 29.
Schiffsgläubiger: Ausschließung 6.
Schiffspfandrecht: Ausschließung 6.
Schuldkataster des bayerischen Staates 16 A. 6.
Schuldschein: siehe Namenpapier 15; — kaufmännischer Verpflichtungsschein 24 A. 1.
Sicht: keine Kraftloserklärung der auf Sicht zahlbaren unverzinslichen Schuldverschreibungen 12.
Simulierte Willenserklärung: Verlustgrund 29.
Sofortige Beschwerde = Beschwerde.
Sparkassabücher 14; — öffentlicher Sparkassen 14, 53.
Speisemarken: keine Kraftloserklärung 13.
Staatsschuldentilgungskassa: Haupt- u. Spezialkassen 16 A. 6, 56 A. 2.
Staatsschuldentilgungskommission: Verständigung vom Erlasse des Aufgebots 68, des Ausschlußurteils 76.
Staatsschuldverschreibungen: Zuständigkeit des Aufgebotsgerichts 55; — nach Umschreibung auf den Namen: Kraftloserklärung 16 ff., Ausschluß der §§ 1010-1014 CPO. 43; — Auszahlung gegen Kautionserlage 2.
Stammbuch der Reichsanteilscheineigner 49.
Stammurkunde 9 A. 1.
Stiftungen öffentlichen Rechtes: siehe Anstalten.

T.

Talon = Erneuerungsschein.
Täuschung: Verlustgrund 31.
Teilrechte aus einer Urkunde 48.
Tenor = Urteilsformel.
Testamentsvollstrecker: Antragsteller 58; — Ungültigkeitserklärung der Bestallungsurkunde 6.
Theaterbilleten siehe Billeten.
Todeserklärung 6.
Transportversicherungspolicen 24.

U.

Umschreibung der Inhaberpapiere auf den Namen: siehe Namensumschreibung.
Universitäten: Antragsteller 59.
Unmittelbarer Besitzer: siehe Besitzer.
Unmündige Kinder: Verlust durch u. Kinder 29; — Antragsteller 57.
Unterbrechung des Verfahrens 80 ff.
Urkunden nach § 807 B.GB. = Verpflichtungszeichen; — nach § 808 B.GB. = inhaberpapierähnliche Namenpapiere.
Urteil: Anfechtung 76; — Aushang 75; — Bekanntmachung, Berichtigung 74; — Fällung 52; — Formel 74; — Inhalt 74; — Rechtsmittel 76; — Verkündung 52; — Wirkungen 83.
Unverzinsliche, auf Sicht zahlbare Inhaberschuldverschreibungen 12.

V.

Verbindung 59, 64, 67, 69, 72.
Verbrennen: Verlustgrund 33.
Vereine: Antragsberechtigung 48; — Antragstellung 58.
Verfallzeit in der Urkunde 42 ff.
Verjährung: Hemmung der V. 91.
Verlust 28.
Verlosungstermin in der Urkunde 42.
Vernichtung: Verlustgrund 33.
Veröffentlichung: des Aufgebots 66; — des Ausschlußurteils 74; — der Zahlungssperre 88; — der Aufhebung des Aufgebots 68; — der Zahlungssperre 89.
Verpflichtungsschein, kaufmännischer 23.
Verpflichtungszeichen nach § 807 B.GB.: keine Kraftloserklärung 13.
Versicherung an Eidesstatt: siehe Eidesstatt.
Versicherungsgesellschaften: Antragsteller 58; — Zuständigkeit 55.
Versicherungspolicen: Kraftloserklärung 14; — Aufgebotsfrist 65; — Veröffentlichung des Aufgebots 66, des Ausschlußurteils 75, der Zahlungssperre 88.
Versicherungsvereine: siehe Versicherungsgesellschaften.
Vertagung des Termins 72.
Verunstaltung der Urkunde 33.
Verwahrer: Urkundenverlust beim V. 32; Antragsberechtigung 45.
Verwaltungsrecht des Ehemanns 48.
Verzicht auf die Rechte aus der Urkunde 33.
Vinkulierte Papiere 16 A. 2.
Vollmacht 60.
Vollmachtsurkunde: Ungültigkeitserklärung 5; — Vorlegung 60.
Vorbehalt angemeldeter Rechte 71, 74, 76.
Vorbehaltsgut: Antragsberechtigung 47.
Vorkaufsrecht: Ausschließung 6.
Vorlage: der Urkundenabschrift 61; — der Zins-, Renten-, Gewinnanteilscheine 39 ff., 63; — der Vollmacht 60; — der Bestallungsurkunde 60; — des Erbscheins 61; — des Registerauszugs 60; — der Zeugnisse des Ausstellers 62.
Vorlegungsfrist für Zins-, Renten-, Gewinnanteilscheine 10; — Hemmung d. V. 91.
Vormerkung: Ausschließung 6.
Vormund: Antragsteller 57; — Verlust der Bestallungsurkunde 5 A. 6.
Vorstand: Antragsteller 58.
Vortermin zur Urkundenvorlage 71.

W.

Warrants 25 A. 3.
Wechsel: Kraftloserklärung 22; — Wirkung des Aufgebots 82; — des Ausschlußurteils 84 A. 2.
Wechselblankett 23 A. 2.
Wechselprozeß 84 A. 2.
Wertgegenstand: Festsetzung 79.
Wertpapier 7.
Willenserklärungen, mangelnde, nichtige, anfechtbare, als Voraussetzung des Abhandenkommens der Urkunde 29 ff.
Willensvorbehalt beim Verlust 29.
Wohnsitz 54.

Z.

Zahlbarkeit der Zins-, Renten-, Gewinnanteilscheine 38.
Zahlungssperre 4, 87 ff.
Zeugenvernehmung 64.
Zeugnisse des Ausstellers: Vorbereitende 62; — Z. nach §§ 1010 Abs. 2 u. 1011 Abs. 2 CPO. 62, 91; — Z. zur Einleitung der Zahlungssperre 87.
Ziehungstermin in der Urkunde 42.

Zinsleisten = Erneuerungsschein.
Zinsscheine: Einlösung trotz Kraftloserklärung der Haupturkunde 10, trotz Zahlungssperre 90; — Fälligkeit als Voraussetzung der Erlassung des Aufgebots 35 ff., des Ausschlußurteils 36; — keine Kraftloserklärung 8 ff, 15, 17; — Vorlegungsfrist 9 ff.; — Vorlage gem. § 1012 CPO. 38 ff., 63; — Wirkung des Ausschlußurteils 11, 85, der Zahlungssperre 90; — Zahlbarkeit 38.
Zinsscheinbogen siehe Zinsscheine.
Zinsscheinserie siehe Zinsscheinbogen.
Zollniederlageschein 14.
Zuständigkeit 52 ff.
Zwang: Verlustgrund 31.
Zwangsversteigerungsverfahren: Ausschließung von Berechtigten 6; — Kraftloserklärung von Hypotheken-, Grundschuld-, Rentenschuldbriefen nach Erlöschen des Rechtes 27.
Zwischenfristen: Folgen der Nichtbeachtung 67.
Zwischenverfügung 63, 72.

Kolibri 360 GmbH
Ferdinand-Jühlke-Straße 7
99095 Erfurt, Deutschland
produktsicherheit@kolibri360.de